皇城根儿下的
传奇往事

墨香满楼◎编著

探秘北京 ②

中国铁道出版社有限公司
CHINA RAILWAY PUBLISHING HOUSE CO., LTD.

U0684546

**图书在版编目（CIP）数据**

探秘北京.②，皇城根儿下的传奇往事 / 墨香满楼
编著. -- 北京 ：中国铁道出版社有限公司, 2025. 7.
ISBN 978-7-113-32322-6

Ⅰ. K291

中国国家版本馆CIP数据核字第2025LP9395号

书　　名：探秘北京②：皇城根儿下的传奇往事
　　　　　TANMI BEIJING ② : HUANGCHENGGENR XIA DE CHUANQI WANGSHI
作　　者：墨香满楼

责任编辑：冯彩茹　　　　　　　　　　　电　　话：(010) 51873005
封面设计：赵　兆
责任校对：苗　丹
责任印制：高春晓

出版发行：中国铁道出版社有限公司（100054，北京市西城区右安门西街8号）
网　　址：https://www.tdpress.com
印　　刷：河北宝昌佳彩印刷有限公司
版　　次：2025年7月第1版　2025年7月第1次印刷
开　　本：710 mm×1 000 mm 1/16　印张：16.25　字数：226千
书　　号：ISBN 978-7-113-32322-6
定　　价：98.00元

在文字尚未出现的时候，人类记录历史往往靠口耳相传的方式，这就是传说的由来。

民间传说是民间口头叙事文学的重要组成部分，通常以历史事件、历史人物或地方风物为背景，经过口头传播和加工，逐渐形成具有地方特色和文化内涵的故事。这些传说不仅反映了民众的智慧、情感和价值观，还承载了丰富的历史、文化和社会信息。总体来说，民间传说不仅是文学形式，更是社会文化的重要载体，它们以独特的方式记录和传承了中华民族的历史记忆和文化精神。

在中国的民间传说中，有众人皆知的神话人物，比如人人都知道的"八仙过海，各显神通"的故事；也有人们熟悉的历史人物，比如奇人刘伯温的传说。这些民间传说并不是凭空杜撰出来的，即使是神话人物的传说也是以历史人物为依据而产生的。

北京的传说同各地的民间传说不同的是，北京作为几朝古都，它的传说中不仅弥漫着浓郁的皇家气息，还充满了生活在皇城根儿下的平民百姓的智慧与幽默。

皇城根儿下的老百姓们具有丰富的想象力，更有强烈的愿望。他们将生活中的酸甜苦辣浓缩成美丽动人的传说；同时，他们也对皇家故事进行渲染，将心中的真实情感表达出来，口耳相传。

比如修建北京城的传说。人们觉得北京城是修建在灵秀之地上，规划得十分宏伟，就将功劳归于传说中的奇人刘伯温，说他是北京城的设计者，于是一个生动的故事就产生了。这个传说彰显了皇家的权力，同时也表达了人们对历史人物的崇拜之情。

　　还有一些传说传递了老百姓渴望和平的情感，比如，"自古出兵之地"——地安门的爱情传说表达了人们向往幸福团圆生活的愿望。

　　皇城根儿下的传奇往事，大部分是历史传说，也有一些神话故事。从这些传说中，读者可以看出老百姓对古都的热爱，还可以感受到老百姓生活在皇城根儿下的欢喜与忧愁，更可以了解古都的历史点滴。

　　让我们发挥自己的眼力，从传说中一探皇城根儿下的奥秘吧！


作　者

# 目 录

**紫禁城**

古都北京名字的奥秘 / 2

北京城的堪舆传说 / 6

紫禁城的神秘与幽深 / 14

紫禁城的那些怪事 / 20

紫禁城传闻的真假 / 26

紫禁城的趣闻逸事 / 36


**城门与胡同**

北京城门楼传说 / 46

北京胡同的魅力往事 / 63

北京地名传说 / 86

北京古刹名寺传说 / 106

## 京城生活

北京老字号传说 / 124

北京美食传说 / 138

北京衣着打扮传说 / 169

## 风俗文化

北京方言俚语传说 / 182

北京节日习俗传说 / 192

北京红白喜事传说 / 204

北京民间工艺传说 / 217

北京休闲艺术传说 / 237

# 紫禁城

# 古都北京名字的奥秘

北京有着三千多年的建城史和八百多年的建都史，在不同的朝代有着不同的称谓。一座城市的名字更改往往牵连着许多故事，它通常表示这座城市的历史地位发生了变化。北京在历史上曾有过多个名称，这些名称反映了不同历史时期的政治、文化和社会背景。那么，"北京"这个名字到底是经历了怎样的过程才最终确定的？在这个过程中有哪些鲜为人知的故事呢？

## 北京的名字为何多变化

北京名字不断变化主要是政治因素。

北京最早的名称叫作蓟，是周朝所分封的一座都城。唐朝统称幽州。辽以蓟都为陪都，改称南京，又叫燕京。金朝之后正式迁都于此，名为中都。到了元朝，又在中都郊外创建新城，叫作大都。就这样，北京城一直在改朝换代中不断地更改名字，名称有蓟城、燕京、涿郡、幽州、南京、中都、大都，等等。

直到明朝建立后，朱元璋将都城定在南京，并将元朝都城大都改名为"北平府"。这样北平就成了明朝君民对北京的称呼，当然，这里面也透露出明朝对北方边境安宁的期望。

朱棣从他侄子朱允炆手中夺得政权后，于 1406 年开始营建北京宫

紫禁城全景

殿。北京是朱棣的龙飞之地，朱棣即位七年后便长住在北京，让太子留在南京监国。迁都北京最初的目的是巩固皇位，防止朝内反对派再起。朱棣即位之初天下不稳，建文帝朱允炆下落不明，朱棣要巩固根据地，做到进可攻退可守。另外，朱棣迁都北京也有心理因素。他的王位是从他侄子那里抢来的，朱允炆是朱元璋确立的合法继承人。南京是朱元璋和朱允炆做皇帝的地方，所以南京给朱棣造成了一定的心理压力。朱棣也不愿意死后葬在朱元璋身边。

之后，北平府更名顺天府后又升格为京师，即北京。这是"北京"这个名字第一次在北京城的历史上出现。后来，清朝也建都北京，并沿用了明朝的名称。一直到新中国成立前，北京与北平都是交替被用来称呼北京城的。

这就是北京在历史上大体的名称变迁，其实北京城的名字远远不止这些，如北京还有春明、京兆、范阳等雅称。

·3·

# 北京为何数次被改名为"北平"

历史上，北京多次被改名为"北平"，这源于它政治地位的改变。自古以来，中国都城一般多叫"京"。因为"京"的原意是"大"与"高"的意思。同时，"京"还是一个计数单位。古代数位序列是万、亿、兆、京，京是最大的计数单位。古代皇帝为了突出皇权的至高无上，往往将都城所在地取名为"京"。历史上，除了北京、南京之外，还有东京、西京、中京等众多带"京"的国都名。

"北京"最早指的也不是今天的北京，西晋时，江南人称洛阳为北京；南朝宋曾称丹徒（今镇江市）为北京；北魏迁都洛阳后称故都平城为北京……直到明成祖朱棣时的北京才是今天的北京。

由于"京"历来都是都城的专称，所以北京的名字随着历史的变迁，多次被改为"北平"。

"北平"此名最早源于战国时燕国置右北平郡。唐朝时，北平郡改称平州。这一变化发生在714年至743年，北京为幽州治所（北方的军事重镇、交通中心和商业都会），管辖大约今京津两市。这是"北平"之名第一次消失。

元末明初的1368年，明军主帅徐达、常遇春率军攻克大都，朱元璋取"北方平定"之义，改大都为"北平"。1380年，燕王朱棣就藩，正式入驻北平城。随着朱棣通过靖难之役迈上皇帝宝座，北平城的地位也随之升高，于靖难之役成功后的1403年，立刻被改名为"顺天府"，与"应天府"并尊，并最终在1421年正式成为大明王朝的京师所在。

自1403年起，到辛亥革命成功后，五百多年的时间里，今北京地区在府级一直被称为"顺天府"，在县级则有"大兴县"与"宛平县"两县并置，分管六九城内的东西两部分与附属的城郊地区。需要注意的是，"北京"在明清时期并不是一个官方以行政区划名称的方式认可的地名，而是一个明朝官方的颁布的"京号"及民间习称，在正式的文书上，相关地名还是要称为"顺天府"的。

辛亥革命以后，北洋政府治下的1914年到1928年间，"顺天府"改称为"京兆地方"，随着北伐战争的开始与张学良的改旗易帜，奉系军阀所控制的京兆地方改归南京国民政府管辖。京兆地方因为不再是民国政府的首都，便被南京国民政府改称为"北平"。

"北京"之名正式以一个地名的身份"落户"今日的北京地区，其实是在新中国成立前夕的1949年9月。中国人民政治协商会议第一届全体会议于1949年9月27日正式将"北平"改名为"北京"，并以"北京"为新中国的首都。

紫禁城

# 北京城的堪舆传说

"堪舆"一词源于《淮南子》"堪，天道也；舆，地道也"，指通过观察天象与地理环境，探究人与自然的和谐关系。作为中国传统建筑文化的重要组成部分，它蕴含着"天人合一"的哲学思想——强调选址需顺应自然规律，注重地形、水文、气候等环境要素对人居的影响，本质上是古人对宜居环境的科学探索。

比如故宫的布局遵循"背山面水"理念（背靠景山、前临金水河），既符合防风保暖的实用需求，也暗合"藏风聚气"的传统智慧，体现了传统堪舆文化中"人与环境共生"的生态观，这也是其作为优秀文化遗产的价值所在。

## 北京是建都的宝地

人们都说首都北京是块宝地，如何理解呢？古人对城市的选址很讲究。古代在定都时，往往要求"前要照，后要靠"。"照"是指照水，也就是像镜子一样的海洋、湖泊或河流；"靠"是指以山脉为依靠。

北京历来被地理学家称为"山环水抱必有气"，自古有"北枕居庸，西峙太行，东连山海，南俯中原"之说。仔细分析，北京很符合"前要照，后要靠"这个条件。我国六大古都，包括北京、南京、西安、洛阳、开封、杭州，其中只有北京符合"前要照，后要靠"的要求，其他五个城市，整体地理形势都不如北京。

事实上，北京城的选址很有讲究，是地理学家们所津津乐道的宝地。北京城被多个王朝定为都城，从春秋的蓟国，到战国的燕国，再到金、元、明、清，以及新中国，都选择建都于北京。古人动土定居推崇堪舆，何况是建都这样的大事。如此看来，北京定是堪舆中的极佳之地，那么，被地理学家如此青睐的北京到底存在哪些堪舆秘密呢？

北京大学一位教授认为，北京西部是太行山脉，西北是燕山山脉，这些山脉大都在千米以上。再加上北京东有渤海、南有黄河、中间是河北平原，形成背有靠山屏障，前有水系明堂的最佳格局。从战略意义上讲，北京可以凭居庸关、山海关北控东北，虎视江淮。

苏辙有诗云："燕山如长蛇，千里限夷汉。首衔西山麓，尾挂东海岸。"

朱熹精通堪舆，他曾向皇帝荐言："冀州好一风水，云中诸山，来龙也；岱岳，青龙也；华山，白虎也；嵩山，案也；淮南诸山，案外山也。"

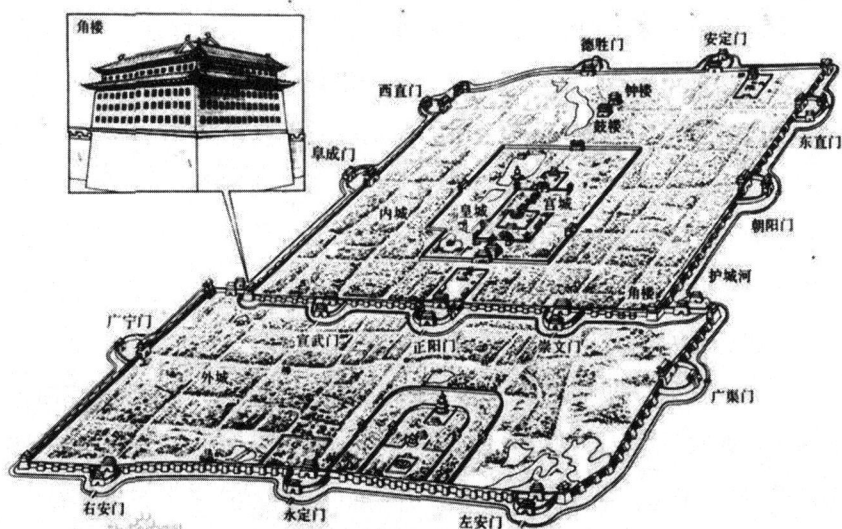

明代北京城平面图

紫禁城

　　金人认为，燕都地处雄要，北依山险，南压区夏，若坐堂隍，俯视庭宇。北京在地理位置上的确独特，它为中原北方门户，是中国的"龙眼"所在。它面平陆，负重山，南通江淮，北连朔漠，可称得上是"财货骈集，天险地利"，为汴（开封）、洛（洛阳）、关中（西安）、江左（南京一带）所不及。

　　元代定都时，巴图尔建议："幽燕之地，龙蟠虎踞，形势雄伟，南控江淮，北连朔漠。且天子必居中以受四方朝觐，大王果欲经营天下，驻跸之所，非燕不可。"康熙帝也认为北京"地扼襟喉通朔漠，天留锁钥枕雄关"。

　　明初，朱元璋攻下大都，本想建都北京，但因忌讳元朝的亡国之气，才改在南京。但后来朱棣还是迁都北京。清军入关取代明朝，继续以北京为都，统治近三百年。


# 北京城又称八臂哪吒城


　　老北京城一直被说成是八臂哪吒城，其实这只是对北京城一种形象的说法。北京城的整体格局和造型，在一定程度上受到明清时期的规划影响。而明清时期的北京城是在元大都的基础上修建而成的。

　　历史上一直传说北京地下有孽龙水怪，所以刘秉忠把元大都设计成了哪吒的形状，以求镇龙压怪，保城平安。明成祖朱棣迁都北京，重新修建北京城时，相传也是按照八臂哪吒的画像修建的。关于此事，还有一段有趣的传说。

　　朱棣决定修建北京城后，有位大臣对他说："民间传说，北京城原来是一片幽海，有一条恶龙在此看守，想要修建北京城必须先要把这条恶龙降服。"于是，朱棣命两位军师——刘伯温和姚广孝去完成此事。

　　刘伯温和姚广孝在领到圣旨后，一起察看了北京城的整个地形。因两人都想在修建北京城时拿到头功，所以他们最后决定各自负责一个方向。于是刘伯温对姚广孝说："咱们分开住，你住在西城，我住在东城，十天之后再碰面，到时候我们拿出自己的设计图来，看看我们俩想得是否一样。"姚广孝同意了这个建议。就此两人一个住在了西城，一个住在了东城，两人都对自己负责区域的地形进行查看。说来也奇怪，每当二人在勘察地形时，都会听到一个小孩说："照着我画呀，照着我画呀。"更奇怪的是，两人每天晚上睡觉时都会梦到一个头上梳着小抓髻，半截腿露着，光着脚丫，穿着红裤子红袄的小孩。这小孩的小红袄很像一件荷叶边的披肩，肩膀两边有浮着的软绸子边，风一吹真像有几条臂膀似的。两人一想这不就是八臂哪吒嘛！于是，两人都按照八臂哪吒的样子画出了修建北京城的图纸。

第十天的时候，两人碰面了，各自拿出了自己的城图给对方看，结果两人同时哈哈大笑。原来两人所画的图纸是一模一样，都是按照八臂哪吒的样子设计而成。

那么这八臂哪吒的样子都是北京城的哪些地方呢？正阳门是哪吒的头；瓮城东西开门是哪吒的耳朵；门里的两眼井是哪吒的眼睛；崇文门、东便门、朝阳门、东直门是哪吒的右四臂；宣武门、西便门、阜成门、西直门是哪吒的左四臂；北边的安定门、德胜门是哪吒的两只脚；皇城正门——天安门是五脏口，从天安门到正阳门中间那条长长的直道就是哪吒的食管；而北京的胡同就变成了哪吒的肋骨。

## 北京中轴线的独特魅力

传说，清朝时，一个外国使者到北京朝见皇上。在古代，朝见皇上都要下跪。但是，这个使者表示不想给皇帝下跪。于是清朝的官员给他安排了一个特别的朝见路线，让这个使者从前门走进皇宫。使者从前门

进入皇宫后，首先映入眼帘的是清朝时期的故宫第一大门——大清门，当时的"皇城第一门"，在如今毛主席纪念堂的这个位置。

使者进入皇宫后，发现周围的环境不同了。因为他刚进入北京城的时候，发现京城是一个灰墙灰瓦、街巷整齐的城市，道路的两旁都是建筑规模不是很大的四合院。正房都是坐北朝南，灰墙灰瓦。胡同很整齐，多是东西走向。

然而，皇宫的景象却与前面看到的截然不同。尤其是进入大清门之后，他发现所有的建筑物都是黄琉璃瓦红墙外表，而且一条大道将他引向天安门。天安门正中的门路，就是中轴线上的路。在古代，这条路是御路，就是皇上专走的路。

外国使者进入皇宫后，体会到了中国建筑与西方建筑的截然不同。当他走过外金水桥，经过天安门后，又看到一座与天安门外形完全一样的建筑，就是端门。走过端门之后，是一个广场，穿过广场之后是午门。午门城墙两侧向外伸出，像巨人伸出双臂，欢迎使者的到来。当时，午门上面还有迎接使者的仪仗队，鼓乐齐鸣。

使者穿过午门之后，又看到一座金水桥，就是内金水桥。走过内金水桥之后，就进入了皇宫的中心。但是，在见皇帝之前，他还需要穿过一道门，就是太和殿的门——太和门。故宫从进入午门之后就不种树了。这种做法是为了纵览建筑全景，让皇宫显得更具有气势。

使者跟着礼部官员过了太和门，看到了雄伟的太和殿。太和殿建在高大的三层石阶上。上了石阶后，使者突然说：我不得不跪了，中国有如此辉煌的建筑，让我不得不下跪了。

清廷给这位使者安排的路线其实正在北京城的中轴线上。从地图上，我们可以看到北京城有一条贯穿南北的中轴线。这条中轴线从城南的永定门起，止于城北的钟楼，长约有八公里。从永定门开始依次穿过永定门、前门、正阳门、中华门（大清门）、天安门、端门、午门、紫禁城、神武门、景山、地安门、后门桥、鼓楼和钟楼。而这位外国使者所走的还只是北京中轴线的很小一部分。这足以说明故宫中轴线的独特魅力。

明清时的北京城，皇宫位于全城中心，是朝廷重地，严禁普通百姓进入。当时北京有内、外城之分。内城是官员与商人的聚集地；外城归普通百姓居住。整个北京城的布局体现了以皇宫为中心的思想。北京城是经典的宝地，而故宫则是经典中的经典，是浓缩了中国堪舆理念的建筑群。统治者为了营建安家宝地耗费了大量人力、物力、财力。故宫最初营建时，并没有金水河和万岁山（今景山），基于堪舆格局的考虑，人造了金水河与万岁山。万岁山是用土堆建而成；金水河从京西北方引来，注入护城河中，再引入故宫内。

整个北京城以中轴线为中心，形成"左祖右社，面朝后市"的布局。关于北京城的中轴线还有一段久远的历史。最早在北京城划定中轴线是在金代，当时的中轴线是一条贯穿内外城门的皇帝专用道路。后来到了元朝，中轴线才正式形成，其位置是以今天鼓楼大街为中心，向南延伸至丽正门（今正阳门）的正门处。到了明代，明朝的统治者将中轴线向东平移了一百五十米，最终形成了现在北京城中轴线的格局。

中轴线是北京城框架的脊梁，是全世界最长的城市中轴线，它展现了整个北京城建筑风格，蕴含着玄妙的智慧，展现了封建等级制的威严与帝王至高无上的权威。

故宫的建筑按照中轴线对称的原则进行布局。可以说，中轴线是规划故宫全部宫殿及北京城的基准线。故宫内的朝政三大殿（太和殿、中和殿、保和殿）和后寝三宫（乾清宫、交泰殿、坤宁宫）均位于中轴线上。其他宫殿不在中轴线上，但都按照中轴线分布于中轴线两侧。

其实，城市中轴线不只北京有，中国历史上的秦都咸阳有城市中轴线，东汉、北魏也有城市中轴线；也不只中国有，巴黎、华盛顿等欧美都市也有，但都没有北京中轴线这样笔直、壮观。北京中轴线是千年传承的"天地中和"文化精神的集中体现，它是串联古都北京空间和时间的经纬脉络。

# 明十三陵为何建于天寿山

　　明十三陵坐落在北京西北昌平区内的天寿山南麓，为什么明十三陵会坐落于此呢？这要从明成祖朱棣说起。明成祖朱棣迁都北京后，就开始为自己选择修建陵墓的地方，因为他本人比较笃信堪舆，因此陵墓的选择可谓一波三折。

　　相传，当时朱棣也选择了很多地方，最后因种种原因才建于天寿山之上。据说，当年有人提议将陵墓修建于一个叫屠家营的地方。但朱棣考虑到自己姓朱，"朱"与"猪"同音，朱棣认为"猪"一旦进入屠宰场，除了被杀没有别的结果，所以朱棣马上否定了这个地方。后来又有人向朱棣提议，选在京西潭柘寺，说这里是千年古寺，必是一块宝地。朱棣起初也觉得潭柘寺这个地方不错，但当他去潭柘寺察看一番后决定不选在这里。缘由是，他认为潭柘寺虽然是千年古寺的所在地，但这里地形狭隘，山高谷深，不利于子孙后代的发展。其后，有人建议选择在怀柔的羊山脚下。这"羊"和"猪"总该相安无事吧，可是偏偏在这羊

明十三陵

山附近有一处叫"狼儿峪"的村子。这"猪"天天睡在"狼"身边岂不是早晚会出事！后来也没有选在那里。还有一处则是门头沟的"燕家台"，但因为"燕家"与皇帝死的"晏驾"谐音，所以也被否定。

最后朱棣看上了昌平的黄土山这个地方。他在勘察黄土山时发现，这黄土山前面有座村子叫康家坟村，西边是一片橡子林，东边是一条清澈的干水河。朱棣认为这里前有糠（康）、左有橡子、右有泔（干）水，这可是朱家的宝地，于是就决定将陵墓修建于此。恰巧这一年又是朱棣的五十大寿之年，所以又将黄土山改名为天寿山。

# 紫禁城的神秘与幽深

　　紫禁城是一座神秘之城，它是世界上最大的皇宫，是中国传统文化的集大成者。同时，它又是世界文化遗产的一部分，说起它的名字，全世界无人不晓，每天都有数万名来自世界各地的游客一睹其风采。但是，紫禁城辉煌雄伟的外表下所蕴含的文化艺术内涵却鲜为人知。生活在现代的我们能从这古老的宫殿中寻找到什么秘密呢？

## 故宫又叫紫禁城

　　故宫位于北京城的中心，是中国现存最雄伟的皇家宫殿群。大家都知道故宫也叫紫禁城，但是却很少有人了解故宫为何被称为紫禁城。这里面隐藏着什么秘密呢？

　　其实故宫的一草一木都有象征意义，体现了中国传统文化的博大精深。紫禁城这个名字其实是与天文有关的。按照中国古代天文学说，恒星分为三垣，周围环绕着二十八宿，其中紫微星（北极星）正处中天，是所有星宿的中心。古人崇尚"天人合一"，故宫是对照传说中的"天宫"建造的。

　　紫微星位于中天，是天帝的居所所在，天帝的天宫称为紫宫。古代的皇帝都以"天子"自称，认为是天帝的儿子，所以将皇宫比作天上的"紫宫"。另外，皇帝出于对皇权的保护，宫墙有十米多高，皇宫外还有护城河，整个宫殿戒备森严，除了宫女、太监、侍卫，其他人不得随意出入。故宫既是紫宫，又是禁地，所以被称为紫禁城。

## 太和殿是紫禁城里级别最高的宫殿

太和殿俗称金銮殿，为北京故宫三大殿南面第一座，该殿是明清两代北京城内最高的建筑，是开间最多、进深最大和屋顶最高的大殿，堪称中华第一殿。而且，太和殿中还有象征着皇权的御用宝座——龙椅。

据说，袁世凯称帝后，因为自己的腿短，就把原来的那把皇帝御用宝座——龙椅扔掉了，根据自己的身高在原处安放了一把高大的靠背椅。在故宫博物院成立后，为了恢复金銮殿的原貌，故宫文物专家一直在寻找那把真正的宝座。1959年，故宫文物专家根据一张光绪年间所拍摄的照片，在故宫一个堆放旧家具的房间里找到了那把真的龙椅。经过专家们长达三年的修复，真的宝座又重放光彩。

现在太和殿上的那把龙椅正是修复后的真品。这把龙椅通体髹黄

太和殿

金，高束腰，四面开光，四根支撑靠手的圆柱上雕着金灿灿的龙，显得富丽堂皇又气势威严。

太和殿修建于明永乐十八年（1420年），当时叫奉天殿。明嘉靖四十一年（1562年）改名为皇极殿，到清顺治二年（1645年）才改名为太和殿。太和殿自修建完成后，曾屡次遭焚毁，如今我们所看到的太和殿是清康熙三十四年（1695年）重修的。作为整个紫禁城中级别最高的宫殿，它上承重檐庑殿顶，下坐三层汉白玉台阶，采用金龙和玺彩画，屋顶仙人走兽多达十一件，开间十一间，均采用最高形制。太和殿的匾额"建极绥猷"，是当年乾隆皇帝亲笔所写。现在我们看到的匾额是一块复制品，真正的那块匾额已经在袁世凯称帝时被袁世凯换掉了。

太和殿是举行大典的地方，如皇帝即位登基、大婚、册立皇后、拜将出征等。此外每年万寿节、元旦、冬至三大节，皇帝在此接受文武官员的朝贺，并向王公大臣赐宴，有时候还要在太和殿举行新科进士的殿试。因为重大事件都在此处理，所以它的级别最高。

# 紫禁城是谁设计的

紫禁城，是世界上规模最大、保存最完好的古代皇宫建筑群。它气势恢宏，文化底蕴浓厚，吸引了许多中外游人来此参观游览。那么，它是谁设计建造的呢？

据流传最广的说法，故宫是蒯祥设计的。蒯祥是明朝有名的木匠，生于江南一木匠世家，他的父亲蒯富就是很有名的木匠。蒯祥技艺高超，匠心独运。相传在建造故宫三大殿时，缅甸向明王朝进贡了一根巨木，永乐皇帝下令将其制成大殿的门槛。一个木匠不留心锯短了一尺多，吓得脸色煞白，赶快找蒯祥补救。蒯祥看了之后，叫那个木匠索性再锯短一尺多，然后在门槛的两端雕琢了两个龙头，各镶一颗珠子，用活络榫头装卸。皇帝见了十分高兴，大加赞赏。这就是蒯祥发明的"金刚腿"，时人称他为"蒯鲁班"。

蒯祥后来担任了工部左侍郎。在工部这个富得流油的衙门这也是个不小的官职，但是他非常谦逊、俭朴。到了晚年，虽然辞官归隐，但每当有人向他请教营造工程的问题时，他都非常热心地给予指点。北京曾有一条蒯侍郎胡同，据说蒯祥就住在那里。蒯祥的后代大多继承了他的技艺，直至晚清，仍有"江南木工巧匠，皆出香山"的说法。

但也有人对蒯祥是故宫设计者之说提出异议。故宫博物院古建部高级工程师认为，真正的设计者是名不见经传的蔡信。因为永乐十五年故宫开始进行大规模修建时，蒯祥才从南京去往北京，任职故宫的施工主持人。而在此之前，蔡信已经主持故宫的设计、规划和建造了。

蔡信是江苏常州武进人，其生平事迹流传很少，不过民间流传一个他参与紫禁城设计的故事。据说，朱棣最初将建造宫殿的任务派给了工部尚书宋礼。建造宫殿首先得有设计图纸，于是宋礼找到了蔡信，让他设计宫殿布局。蔡信很有才华，很快就完成了设计。宋礼一看图纸，连连称赞。各个宫殿，依中轴线，左祖右社，十分规整，稳稳当当，象征着大明江山长治久安。宋礼还亲自考察了一番，更加确定这个设计非常完美，而且施工不难，于是上呈朱棣。朱棣也不懂设计，只是一听皇宫有九重宫阙、九千九百九十九间半房屋，顿时心花怒放。传说，天宫有一万间房屋，皇宫比天宫仅少半间，既体现了皇权的威严，又显示了天子的谦虚，于是高兴地批准了蔡信的设计方案。

也有专家表示，紫禁城的设计者其实是杨青。但是关于他的生平

明成祖朱棣画像

紫禁城

记录更少，只知道是一名瓦工。据说杨青这个名字也是朱棣封赐的。

还有不少学者认为，故宫建造时，蔡信、杨青都发挥了很大的作用。但是两人当时年事已高，所以在蒯祥进京以后，紫禁城的设计与建造工作主要由他完成。

事实上，这样规模宏大的宫殿群是不可能靠一个人或几个人就能建造起来的。无论是蒯祥、蔡信、杨青可能都只是负责一个工种而已。紫禁城的建造一定耗费了大批工匠和无数百姓的心血，甚至牺牲了不少人的生命。

## "冷宫"在哪里

我们常在电视中看到皇宫中的妃嫔一旦失宠，便会被打入"冷宫"，囚禁至死，十分凄惨。然而，故宫里有三宫六院，宫殿很多，却没有一个叫"冷宫"的，那么"冷宫"到底指的是什么地方呢？

事实上，紫禁城的"冷宫"并没有固定的地方，凡是幽禁妃子、皇子的地方都叫"冷宫"。据史料记载，明清两代被当作冷宫的地方有好几处。

明末，明熹宗的妃子李氏得罪了权极一时的太监魏忠贤，从而被赶到乾西宫里居住，一住就是四年。之后，先后又有定妃等三人在那里幽居。乾西宫就是当时的"冷宫"。

清朝光绪年间，光绪皇帝的珍妃被慈禧扔进井里之前，被软禁在景祺阁北边的北三所（现坍毁）。此传闻出自一个太监，如果该传闻属实，此地也算是一处"冷宫"。

# 储秀宫为何备受慈禧太后青睐

众所周知，慈禧太后把持着晚清政局几十年，可以说大清国命运全攥在她手里。但为什么她不去住别的大宫殿，而一直居住在储秀宫呢？

这其中包含着慈禧很重的心机。因为慈禧最开始只是个嫔，咸丰帝只宠幸了她很短的一段时间。直到生了儿子以后，她才上升为妃。后来咸丰帝在热河驾崩，她的儿子继位，即同治帝，慈禧这才得到和东太后慈安同等的地位。后来她发动"辛酉政变"，把八位顾命大臣的权力夺走，随后独揽大权，垂帘听政。

虽然后来她有了更为尊贵好听的称号，但她心里明白，自己最能拿出手的本钱，就是给咸丰帝生了个儿子，继承了大统，而这个儿子是在储秀宫后殿生的。那是她的通天金字招牌，是抓权的真正政治资本，住在储秀宫就是为了做给大臣们看。一者，可以表示对先帝咸丰的眷恋，念念不忘先皇对自己的雨露之恩，以显示自身的美德；二者，自己对同治帝有养育劬劳之苦，以显示自己的功劳。这样一来，一手就抓住两个皇帝，对内可以折服六宫，对外可以号召臣下，使人们都对她信服。出于这种政治上的考虑，所以她乐于住在储秀宫。不过，晚年她也住过乐寿堂，因为那是乾隆帝当太上皇的时候住的地方。她处处自比乾隆，加上她此时的位置已经根深蒂固，无人可以撼动了，所以就在那里短暂住过一段时间。

慈禧

紫禁城

# 紫禁城的那些怪事

紫禁城是明清两朝的皇宫，在明清两朝长达五百多年的统治历史中，先后有二十五位帝王生活在其中。它不同于寻常人家，象征着全天下最极端的权势。紫禁城中的一些事情，远非寻常人家所能想象，由能工巧匠们建造的这些巍峨的宫阙中、高墙下，几乎每一座宫殿、每一处山石、一草一木、一鸟一兽都在述说着紫禁城的独特。

## 乌鸦为何成了神鸟

乌鸦，俗称老鸹，在民间被视为一种不吉祥的鸟。那么在北京城的故宫里，为何曾有那么多的乌鸦呢？

原来，相传清太祖努尔哈赤在一次战争中不幸战败，他在逃避追兵时，看到路边的一棵大树上有一个面积极大的树洞，急中生智钻入树洞里，恰好此时一大群乌鸦也落在树洞里。追兵赶到时，环视四周，没有发现努尔哈赤的踪影，怀疑他可能会躲进这个树洞里，但转念一想树洞里这么多乌鸦，努尔哈赤怎么可能躲在里面，就继续向前追赶，努尔哈赤就此逃过一劫。

后来努尔哈赤建立清朝，清兵入关后，为了报答当年乌鸦的救命之恩，清朝皇室在故宫的坤宁宫前设立了"索伦杆"祭祀，专门供奉和喂养乌鸦。从此，乌鸦便成了神鸟。

据说，晚清一个盛夏的中午，乌鸦的叫声实在令人厌烦，抑或是童心未泯，储秀宫几个不明事理的小太监竟然用杆子去捅乌鸦窝。不料，此事惊动了正在午休的慈禧。老佛爷当时大怒，命人将几个太监狠狠地揍了一顿才算了事。

乌鸦自然不愁吃喝，在故宫这块宝地上，生活得十分滋润，个个形体庞大，嘴巴长长，比其他地方的乌鸦都要健硕。故宫还未对外开放之前，一直是乌鸦难得的栖息地。

# 故宫为何没有厕所与烟囱

在游览故宫时，有的人会发问怎么没有古代的厕所？难道以前皇宫里的人不去厕所吗？事实上，过去的故宫里是真的没有厕所的。因为当时故宫内没有下水道，如果安置了厕所，整个故宫就会变得臭气熏天。

那么，居住在故宫里的皇帝、妃子、太监、宫女是如何方便的呢？原来，皇帝、妃子、太监、宫女等人，大小便都有专用的便器。皇帝和妃子们用的便器，被称为"官房"，主要是木制、瓷制和锡制的。他们方便时就在自己寝宫里，之后会有太监或宫女收拾干净。

而太监和宫女用的便器叫便盆。这些便盆放在"净房"里，"净房"分布在皇宫的各个角落，太监和宫女在此处进行大小便。最后，由太监们定期将粪便运出宫外。

自从溥仪被赶出紫禁城后，这些便溺器具被清理了出去，另存他处，只剩下了空屋子。而这些屋子与其他屋子并没有什么不一样，人们也就不知道它们的用处了，所以人们才产生故宫没有厕所的疑问。

另外，故宫也没有烟囱。因为故宫是砖木结构，最怕火灾。而且，故宫城墙高大，烟雾难散。为了做到不受烟尘污染，所以就将木炭当作唯一燃料。当时，全国各地为皇宫烧炭的地方多达数十万处。

紫禁城

# 故宫的门钉为何多用"九"这个数字

门是中国古代建筑的主要组成部分，门不仅有分隔空间、烘托气氛的作用，还象征着其房子主人的身份。作为皇家大院的门，自然更有讲究和说法。那么故宫门上的门钉为何多用"九"这个数字呢？

古人认为，奇数为阳，偶数为阴。九又是所有奇数中最大的一个，再大的数其尾数也大不过九，因此以"九"来代表至高无上的皇权，如"九五之尊"等，所以故宫门上的门钉均以九为基数。其中东南西北四大门中，午门、神武门和西华门均是九九纵横八十一颗，为阳数；而东华门却是八九七十二颗，是阴数。这其中有个不小的缘故。

明末时候，起义军领袖李自成攻入紫禁城，明思宗仓皇逃到煤山自缢。逃走的时候，就是从东华门走的。因此后来的清朝皇室认为东华门不吉利，就决定把此门定为皇家出灵柩门，俗称"鬼门"，因此就少打一排门钉，弄成了阴数。

# 故宫中的大缸是干什么用的

人们在游览故宫时会发现，在故宫里有很多大水缸，那么这些大缸是用来做什么的呢？

因为故宫的建筑群是以木质为主材，所以很容易失火。据相关的文献表明，明清两朝在故宫内发生的火灾有多起。历代皇帝为此采取了一系列防火措施，而这些大缸就是为了一旦故宫里发生火灾，太监、宫女们能够第一时间从水缸里取水灭火。

故宫中摆放的缸

在故宫里曾经有三百零八口大缸，而现存的只有二百三十一口。这些大缸分为铜缸、青铜缸和铁缸三种，距今最早的大缸为明孝宗弘治年间（1488—1505 年）铸造的铁缸。

皇宫中哪个院落陈设何种大缸，安置几口大缸都是有具体规定的，尤其是在清代，"镀金海"铜缸等级最高，就分别陈设在太和殿、保和殿和乾清门的两边，共有十八口，而内廷东、西六宫庭院及长街上所陈设的就是比较小的青铜缸或者铁缸。

# 为什么故宫有些地方没有门槛

细心的人们在游览故宫时会发现，故宫内殿里的门是没有门槛的。这是为何呢？

据说，雍正帝继位之初，没有睡过一天好觉，为何呢？因为他是经过九子夺嫡才坐上皇位的。在皇位的争夺之中，他伤害了手足兄弟，虽

说是迫不得已，但是心里还是有忌惮的。在登上皇位之后，他变得敏感多疑，在晚上睡觉时，经常被噩梦惊醒。

一天半夜，雍正刚刚入睡，就觉得胸口非常憋闷，身上似乎被千斤重的石头所压着。他一睁开眼，一张熟悉的面孔映入眼帘，原来是在夺位战中被自己设计致终身监禁的兄弟。雍正惊慌地从枕头底下抽出防身的匕首，不料却被兄弟勒住了脖子，任凭他如何挣扎也无济于事。雍正帝吓坏了，想呼救却发不出声来，想用匕首反击，身上却没有力气。他拼命挣扎，才找到了脱身的机会。

雍正帝从床上滚下来，光着脚往寝宫门外跑，他一边跑一边呼救，奇怪的是，皇宫的侍卫都不知道哪里去了。雍正帝惊慌地往外面跑着，在夺位中死去的兄弟在后面拼命地追。雍正帝跑过一座座宫殿，接连被几所宫殿的门槛绊倒，身上摔得青一块紫一块。皇宫中竟然没有一个人来救他，雍正帝顿时陷入了绝望，眼看追他的人手持着宝剑越来越近，雍正不禁大喊："都是朕的错，看在我们的手足情分上，就放过我吧！"话音刚落，那人便不见了。雍正帝睁眼再看，只见几名侍卫围在他身边，其中一个说："皇上做噩梦了！"另一个说："皇上一定是操心政事，

故宫内没有门槛的地方

晚上才睡不好的。"雍正帝迷迷糊糊，不知道这是梦还是现实。第二天一早，他便下令将紫禁城的门槛全部锯掉。这道命令一下，便在宫中引起了轩然大波。皇宫中的门槛那么多，去门槛不知要消耗多少人力、物力。而且，没有门槛也太不像样子，于是有大臣上奏说："皇上，您所梦到的门槛，象征着现实中对您不利的人。皇上您只要将梦中绊倒您的门槛去掉，就算除去了威胁您的人。而那些没有绊倒您的门槛，还是留下吧，也许以后还能救您的命呢！"雍正帝听完觉得有理，便同意了。

其实，雍正帝锯门槛只是一个传说而已，真正下令锯门槛的不是雍正帝，而是末代皇帝溥仪。辛亥革命之后，溥仪被逼退位，但是仍居住在皇宫里的几间屋子里，仍然有人伺候他，过着皇室生活。年轻的溥仪接受了西方的先进思想，他率先把清朝世代留传的辫子剪掉，并在故宫里安装了电话，还请来了外国老师教授自己洋文。

后来，有一位旧臣送了溥仪一辆自行车，溥仪非常喜欢，很快就学会了，经常骑着自行车在宫中绕来绕去，觉得很是过瘾。婉容见溥仪骑车很开心，也要学骑车。后来，溥仪又向旧臣要了几辆自行车，以供宫中使用。可是自行车多了，麻烦也多了。因为宫中的门槛成为骑自行车的障碍，骑不了多远就要下车，然后搬着自行车过门槛，然后再次骑车。为了骑车方便，溥仪便下令锯掉那些碍事的门槛。可是这一举动遭到了隆裕皇太后与晚清遗老们的反对，他们认为将门槛锯掉就是破坏了祖宗的规矩。可是溥仪却不管这些，他趁着隆裕皇太后生病，找来了亲信太监，让他们从御花园入口处顺贞门东侧，一直往南，经集福门、琼苑西门、长康右门，再往西长街的近光右门和内右门的门槛全部锯掉。隆裕皇太后见事已至此，也就不再管了。所以，故宫内的一些宫殿就没有了门槛。

紫禁城

# 紫禁城传闻的真假

　　皇宫历来是全天下最关注的地方。在古代，皇宫是舆论的焦点，宫中的风吹草动对普通百姓来说也就是大事。自古以来，历代皇室有不少传闻，而且很具有戏剧性。然而，其中一些假的传闻，在人们的猜测中传成了"真实的历史"；而一些历史事实由于时隔久远，也让人看不清，实在是真假难辨。历史的真相大多已经尘封在过去。

## "推出午门斩首"是假的吗

　　午门，是紫禁城的正门，位于南北中轴线上，居中向阳，位当子午，所以叫午门。皇帝出入故宫走的就是午门。

　　平常我们看电视时，经常会听到里面说"推出午门斩首"，其实这是不符合事实的。故宫并没有午门斩首的记录，也没有午门斩首的事实。因为午门是明清皇宫大门，极其尊严洁净，死刑犯人只会押往西市（今西四）或菜市口等刑场处决。只有当大臣们触犯了皇帝的时候，才会被课以"逆鳞"之罪，推到午门外面打板子，就是所谓的"廷杖"。

　　据史书记载，明代的大臣特别喜欢死谏，而皇帝就特别喜欢打他们的板子，明代先后廷杖大臣五百多人次，死者众多，最严重的是正德与嘉靖时期。

　　正德帝朱厚照，两岁就做皇太子，十五岁继承皇位，在位十六年，

三十一岁死。朱厚照行为怪异，喜欢游猎，常离宫索居，堪称古代皇帝中的"怪咖"。一次，西北发生战事，他非要亲征，大臣们鉴于"土木之变"明英宗被俘的惨痛教训，一致反对。但是，朱厚照却一意孤行，亲自出征，最终得胜回朝，并下诏自封为"威武大将军"。他还曾微服出巡，到居庸关，守关官员"闭关拒命"，最终扫兴而回。之后，他又派亲信去守居庸关，然后深夜微服出关，终于成功。朱厚照的出巡十分荒唐，受到官员的谏阻。朱厚照于是大怒，对劝谏官员实行廷杖。正德十四年，朱厚照又要出宫巡游，大臣们集体劝谏，导致了激烈的君臣冲突。

为了劝阻皇帝，当时很有骨气的舒芬带头力谏。当时，舒芬等人列队跪在午门之外，连续五天不起。朱厚照却对大臣们的谏言置之不理。一名叫张英的官员见皇帝无动于衷，便"自刃以谏"，就是以死来强迫皇帝接受他们的建议。幸亏当时的侍卫眼疾手快，夺下了他手中的刀，他才没有自杀成功。朱厚照仍我行我素，对大臣们的谏阻视而不见。于是内阁大学士集体辞职。朱厚照克制忍耐，请他们留下，大臣们也算给他面子，勉强答应了。然而，大臣们并没有就此罢休，朱厚照就滥施权威，下令对舒芬等一百零七名官员在午门前实行廷杖。后来又增加了关在锦衣卫监狱的黄巩等三十九人，共有一百四十六人受廷杖，死去十一人。张英虽自杀未遂，最后却被"杖杀"了。

再有就是嘉靖时期。当时，群臣发生"大礼议"之争。"大礼议"是争论新皇生父尊号的事件。朱厚照死后，因为没有儿子，所以由堂弟朱厚熜继位。朱厚熜的父亲是兴献王，已经去世。所以，大臣们就如何上尊号的问题展开讨论，长达三年。最终，嘉靖帝追尊兴献王为皇考恭穆献皇帝。当时，有两百多大臣反对，在左顺门外跪伏高呼。嘉靖帝派太监宣谕退下，从清早一直僵持到中午。嘉靖帝见此，于是下令抓数人震慑一下。不料，大臣们非但不退，反而大哭，声震阙廷。嘉靖帝大怒，下令廷杖五品以下官员一百三十四人，受杖者痛苦号叫，凄苦万状，死者十七人。《明史·刑法志》说："公卿之辱，前此未有。"

紫禁城

# 故宫真的有九千九百九十九间半房屋吗

故宫宫殿繁多，鳞次栉比，人们都说，它有九千九百九十九间半房屋。至于为什么会是九千九百九十九间半房屋，众说纷纭。

有人说，因为当时明朝的旧都南京明宫，有一万间房屋，朱棣迁都之后，觉得自己的功劳不及他的父亲朱元璋，所以就下令故宫的房屋不能超过一万间，于是设计师们就盖了九千九百九十九间半。也有人说，因为天帝住的"天宫"是一万间，人间的皇帝不能超过天帝，所以就少盖了半间。

还有人用《周易》来解释，说易经讲的是九九之数，除去"九五之尊"的概念之外，还有个"不满"的概念，即"亢龙有悔"。如果满了，接下来就会衰落。而九千九百九十九正是极限，所以又盖了半间，表示未满之意。

还有人则以奇偶数来解释这半间。因为这半间指的是文渊阁楼下西头的那一小间。文渊阁是《四库全书》的藏书阁。书最怕火，为防火，就取"天一生水，地六成之"，以水克火之意，文渊阁在建造上一反紫禁城房屋多以奇数为间的惯例，采用了偶数为间——六间。但又为了布局上的美观，西头一间就建造得格外小，看上去仿佛只有半间，其实也是一间。

事实是，故宫的房屋数并不是九千九百九十九间半。据实际测算，只有八千七百余间（1972年统计数，2012年实测后为九千三百七十一间）。

# 明崇祯帝是在景山自缢的吗

明崇祯帝朱由检，是明朝最后一位皇帝。他继位后，清除了朝中大宦官魏忠贤，并任用袁崇焕为大将，抗击清兵的入侵，起初扭转了对明王朝不利的战局。但后来的农民起义军和清军势不可挡，明王朝灭亡是迟早的事。

据说，当李自成于1644年攻陷北京后，崇祯皇帝在走投无路的情况下，在景山的一棵歪脖树上选择了自缢。至此，统治中国两百七十六年的明朝正式结束。在自缢前，崇祯帝为了不让周皇后和袁贵妃落入敌人手里，把周皇后和袁贵妃叫到了乾清宫，挥剑杀死了袁贵妃，周皇后见状上吊自缢。

关于崇祯帝自缢的具体位置一直是一个谜。对此有很多种说法，有的说是在景山下一棵槐树上，也有人说是在寿皇亭，还有人说是在巾帽局、红阁、灵寿亭、寿宁宫、寿皇殿等地。

这其中广为人知的要数第一种说法了，也就是在景山的一棵树上自缢。其实这种说法来源于多尔衮。为什么要这样说呢？李自成攻陷北京城后，很快被清兵打败，多尔衮为了巩固清朝政权的统治基础，拉拢人心，曾公开表示对崇祯皇帝的死感到惋惜，特意在景山上随意找到一棵槐树，表示这就是当年吊死崇祯皇帝的那株"罪树"，并在树上拴上铁链以示惩罚，还立碑供民间悼念。这棵槐树便成为崇祯皇帝的去世之处（如今重植的树下有指示牌和文字介绍）。

但历史学家们经过考究发现，景山并不是崇祯皇帝真正的自缢之处，到底崇祯帝吊死在何处，如今还是一个未解之谜。

紫禁城

# 明清皇帝真有"三宫六院七十二嫔妃"吗

现在，人们只要说起古代皇帝们的后宫，都会不由自主地想起"三宫六院七十二嫔妃"的说法。难道古代的皇上真的有那么多妃子吗？

其实，"三宫六院七十二嫔妃"的说法不完全准确，不过，"三宫"和"六院"是的确存在的。"三宫"是乾清宫、交泰殿、坤宁宫等后三宫；"六院"指的是东西六宫。关于"七十二妃"，则没有相关的文献可查，根据古代人一贯对数字的表达方式，这"七十二嫔妃"也许是个概数，不是实际的数目。

那么，皇帝到底有多少个妃子呢？

明朝初年，朱元璋有很多嫔妃，这导致后宫秩序混乱，甚至扰乱了朝政。朱元璋也曾整饬，但最后也都不了了之。明嘉靖帝曾经有九位载入史册的嫔妃，其妃号分别是贤、淑、敬、惠、顺、康、宁、昭等。

到了清康熙年间，康熙帝明确规定了后宫嫔妃的等级：皇后一位，居中宫，主内治；以下依次为皇贵妃一人、贵妃两人、妃四人、嫔六人，分居东西六宫，佐皇后主内治；嫔以下还有贵人、常在、答应三级，俱无定数，随居东西各宫，勤修内职。虽然有了这样的规定，但具体到每位皇帝时，其嫔妃的数目还是不定。仅清朝十位皇帝的嫔妃数目就不统一，其实康熙帝最多，有七十二位嫔妃，光绪帝最少只有三位，就是被大家所熟知的隆裕皇后、珍妃、瑾妃。

# 孝庄文皇后下嫁多尔衮是真是假

孝庄太后是清太宗皇太极的庄妃，顺治帝的圣母皇太后，康熙帝的祖母。孝庄太后一生经历四代皇帝，全心辅佐清太宗皇太极的霸业，竭力辅佐顺治帝福临和康熙帝玄烨两位幼主，为清朝的康乾盛世作出了巨大的贡献。关于这位孝庄皇后却有一段"下嫁"之谜，在野史和民间广为流传。这到底是怎么回事呢？

据说，在皇太极去世后，孝庄皇后为了让自己的孩子福临（后来的顺治帝）能够登基为帝，就下嫁给了多尔衮。相传，婚礼还是由礼部亲自操办的。但多尔衮并不长寿，死后被人揭发生前想篡夺皇位，遭到了政敌的无情打击。孝庄皇后后来地位日益尊贵，为自己下嫁给多尔衮感到羞耻。她告诉自己的皇孙康熙帝，自己死后不能和皇太极安葬在一起，因为她无颜面对皇太极。

那么，孝庄皇后下嫁给多尔衮之说，到底是真是假呢？

关于"太后下嫁"之说，首先源于多尔衮自封为"皇父摄政王"。这个奇怪的称呼引起了人们的各种猜测。人们认为，只有皇太后屈尊下嫁，才使多尔衮有了这种称谓。而且，孝庄与多尔衮也的确有过一段感情纠葛，这让人们更加相信"屈尊下嫁"之说。可是这些都只是猜测而已，正史上并没有确切的记载，对此历史学家们也众说纷纭。真相到底是什么？我们已经无从考证，想必这只有当事人才知道！

紫禁城

# 清顺治帝真的出家当和尚了吗

历史上不少皇室子孙为了争夺帝位而冒生死之险，也有不少皇帝为了能长享权势而寻求神丹，但清朝却有一位皇帝被传说是出家当了和尚，他就是清世祖顺治帝。顺治十八年（1661年）正月初七，清廷宣布年仅二十四岁的顺治帝驾崩，事情十分突然，人们觉得不可思议。由于顺治帝在时，多次表露出家的意愿，所以人们觉得他并没有死去，而是出家当了和尚。就这样，猜着、传着，顺治帝出家的事情似乎成了事实，连所在的寺庙也传了出来，就是清凉寺。

顺治帝真的出家当和尚了吗？

如果顺治帝真的出家当了和尚，那么贵为天子的他为何要出家当和尚呢？

顺治帝画像

一种说法是，顺治帝出家是因为他最宠爱的董鄂妃于顺治十七年（1660年）去世，钟情于她的顺治帝就此陷入了痛苦之中。董鄂妃去世后，顺治帝不顾祖制，为董鄂妃做传，并追谥她为皇后，还让三十多名太监、宫女为其陪葬。但这些都不能使他感情的创伤得到弥合，最后决定出家当和尚。

另一种说法是，顺治帝在位时，加封了一个"大觉普济能仁国师"玉琳禅师，玉琳禅师就住在报恩禅寺。报恩禅寺位于德清县武康镇上柏村的金车山麓，即现今的浙江武康疗养院。

玉琳禅师是一个很有名的和尚。据说，顺治帝福临幼年时因受多尔衮的迫害，被迫出宫避祸，一直逃到江南的吴兴府（今湖州市）武康县的报恩禅寺，并拜当时的住持玉琳禅师为师，在寺内住了近两年。约顺治七年春，孝庄太后下诏召福临回京登帝位。

在正史中，顺治帝幼年外逃避祸之事，并无记载。不过，有资料显示，顺治十五年，玉琳禅师进京，被敕封为"大觉禅师"；顺治十七年春，皇帝下诏加封玉琳禅师为"大觉普济禅师"；当年秋天，又复召玉琳禅师进京，加封为"大觉普济能仁国师"。此后，康熙、雍正、乾隆各朝，又对报恩寺的住持有许多封赏，雍正帝还御赐《敕赐报恩寺碑文》。康熙九年，玉琳禅师在江苏淮安慈云庵圆寂，归葬于报恩寺西山麓。一个和尚被皇帝屡次加封，确实是不同寻常。由于顺治皇帝与玉琳禅师的关系，再加上顺治帝的不知所终，可见，顺治帝出家当和尚是很有可能的。

《清凉山赞佛诗》中有这样的记载："房星竟未动，天降白玉棺。惜哉善财洞，未得夸迎銮。"这也说明顺治帝当时是出家当了和尚。还有后来康熙帝经常到五台山巡视，并在那里留下了大量的宫廷用具，可能就是为了顺治帝生活方便而留下的。

不过，也有不少人表示顺治帝出家的说法并不可信，认为他的确是死了，是患天花病去世的。因为顺治帝死后，在考虑继位者时，孝庄太后最终选定了玄烨，理由之一是玄烨已经出过天花。这在一定程度上反映了顺治帝是因患天花而英年早逝的事实。

究竟是什么夺走了一代天子的年轻生命，也许人们永远无法得到确切的答案。后世人只能根据留下的零星史料去猜测历史的本来面目。或许，顺治帝神秘去世的真相将永远地尘封在过去。

紫禁城

# 历史上真的有香妃这个人吗

香妃在很多文学作品中都出现过。相传，香妃是来自西北民族部落的一位王妃。回部叛乱后，回部的一位武士将其献给了乾隆皇帝，但香妃始终怀念自己的故土，最后被太后赐死。那么，历史上真的有香妃这个人吗？她真的是满身溢香吗？

在乾隆的后妃中，的确有一位女子，当时被册封为容妃，又称和卓氏。和卓氏在雍正年间出生于回部一个比较显贵的家庭中。乾隆年间，被召入宫并册封为和贵人。

乾隆三十三年（1768年），和卓氏又被晋升为容妃，到了乾隆四十年（1775年），因皇太后和皇贵妃相继去世，容妃的地位继续上升。乾隆五十三年（1788年），享年五十五岁的容妃去世。

那么，容妃和香妃到底是不是一个人呢？史学家们有着不同的意见。如果容妃和香妃真的毫无关系，那么香妃的传说又是从何而来的呢？因此，大多数史学家倾向认为容妃和香妃其实就是一个人。香妃只不过是根据容妃杜撰出来的而已，其所谓的体香，很有可能是因为长期饮用牛奶而形成的体香味。

# 明孝宗朱佑樘真的只娶了一个老婆吗

中国历代皇帝即使不是传说中的"三宫六院七十二嫔妃"，也会有很多老婆。但明孝宗朱祐樘却一生只娶了一个老婆，也就是皇后张氏。在古代，有三妻四妾很正常。那么，身为一代天子的朱祐樘为何只娶了一个老婆呢？

这与朱祐樘的童年生活有着莫大的关系。朱祐樘的父亲，也就是明宪宗朱见深，生前虽然后宫佳丽很多，但他独宠比自己年长十七岁的万贵妃。究其原因，据说宪宗患有疝气病，而她擅长按摩，所以明宪宗离不开她。

明孝宗画像

但不幸的是万贵妃因年龄问题，在她自己的儿子夭折后一直没有再怀孕。于是，她就将心中的愤怒发泄在那些怀有身孕的妃子们身上。无论哪位妃子怀孕，万贵妃都会想尽办法杀害她们。其中明孝宗朱祐樘的生母纪氏也难逃厄运。后来，纪氏想尽办法生下朱祐樘后，将其秘养在安乐堂内。朱祐樘对后宫嫔妃之间的争风吃醋以及随之而来的宫闱斗争，可谓体会深切，这也成了他即位后不愿有过多嫔妃的一个重要原因。

还有一个原因，朱祐樘性格温和，又深受儒家思想的熏陶，对后宫生活要求简单，专注于朝政。

明孝宗朱佑樘和张皇后从始至终都恩爱有加，创造了古往今来一个美好的传奇，也算是朱佑樘作为一代明君的佐证之一。

紫禁城

# 紫禁城的趣闻逸事

紫禁城是一个戒备森严的地方，对普通百姓来说甚至是遥不可及的"天庭"。作为皇家大院的紫禁城中所发生的事情可不是普通百姓们所能想象的，其中有许多令人不可思议、心生好奇的故事。从这些故事中，我们可以感受到权力的威严与残酷，了解到古代封建制度的巨大弊端。

## "正大光明"匾后到底隐藏了什么

中国最著名、最神秘的匾当属挂在紫禁城乾清宫的"正大光明"匾。这个匾由清顺治帝御笔亲书，由于特殊的历史意义和后世的不断渲染，它几乎成了清王朝的一大标志。

"正大光明"是一个成语，这四个字出自《周易》："正大"二字，见于《易·壮·象》记载；"光明"二字，见于《易·履·象》记载。两处拼接整合组成"正大光明"一词，意思是说做人做事、修身修心，都要"正大光明"。对帝王来说，这表明他们的统治是要正大光明的，可见顺治帝的良苦用心。

"正大光明"是中华民族传统文化的一个共同理念。顺治帝用汉字书写"正大光明"四字体现了他的政治、哲学思想。但是，"正大光明"匾之所以备受后世关注，是因为匾的后面有一个神秘的匣子，匣中所记录的名字就是下一任的帝王名号。那么，这个秘密匣子从何而来，如何影响着清朝的皇位继承？

明清两朝传承皇位的家法是：父死子继。明朝的十六位皇帝中，除了朱棣和朱祁镇分别通过政变从侄子、弟弟手中夺走皇权外，其他皇帝都是按照继承法继位。清朝的十二位皇帝，从努尔哈赤到康熙，百年间，激烈的皇权斗争如影随形，无论是皇太极还是顺治，继位之初，都发生了不小的混乱。雍正继位前，也经历了皇权争夺战的洗礼，对皇子之间的皇权斗争深有感触。继位后，雍正帝吸取了经验教训，创立了秘密立储制度。

《雍正起居注》中记载，雍正帝于雍正元年（1723年）八月十七日，在乾清宫西暖阁向总理事务王大臣、九卿、满汉文武大臣颁布谕旨："今朕诸子尚幼，建储一事必须详慎，此时安可举行。然圣祖既然将大事托付于朕，朕身为宗社之主，不得不预为之计。今朕特将此事亲写密封藏于匣内，置之乾清宫正中世祖皇帝御书'正大光明'匾额之后，以备不虞。诸王大臣咸宜知之。"

这份圣谕表示，以后不再公开册封皇太子，而是将册立皇位继承人的诏书秘录一式两份，一份由诸王大臣见证藏于匣内，置于乾清宫"正大光明"匾后，另一份放在皇上身边。等到皇帝驾崩后，由御前大臣共同取下密匣，和皇帝藏在身边的一份对照检查，核实无误后，当众宣布皇位继承人。

秘密立储制不会提前宣布皇位继承人，也不遵循"立嫡立长"的继承制度，所以有心帝位的皇子，都可以通过平时的行为表现来博得父皇的欢心。而且，在没有明确竞争目标的情况下，也不会有结党营私的行为，从一定程度上避免了皇子间所展开的血腥斗争，使得皇权能够平稳过渡。

清代有几朝是使用秘密立储制度呢？有人说乾隆帝、嘉庆帝、道光帝、咸丰帝均按照这一制度继承皇位。其实，只有乾隆帝、道光帝两人使用过。嘉庆帝继位是乾隆帝当着众臣在授受大典时面授的。咸丰帝继

位则是道光帝病危时，召宗人府宗令、御前大臣、军机大臣、总管内务府大臣"宣示谕书，皇四子奕詝立为皇太子"。到了咸丰末期，由于咸丰帝只有一个儿子，所以使得秘密立储没有实际的意义。而同治、光绪两帝没有子嗣，宣统帝还没来得及亲政，清王朝就彻底覆亡了，使得秘密立储制度自然废止。

# 故宫中怪异的石狮子有着怎样的传说

故宫的太和门外、武英殿东有一座断虹桥，其桥南向北约有 18.7 米长，宽约 9.2 米。断虹桥的东侧栏杆，从南数第四个石狮子是一个有故事的石狮。它一手放在头上，一手护在两腿之间，表情痛苦。这个看起来奇怪的石狮子隐含着一个断人心肠的故事。

太和殿门前石狮子

相传，道光帝对长子奕纬有着很高的期望，希望他将来能够成为自己的接班人。道光五年，十七岁的奕纬奉命居住在父亲曾住过的撷芳殿，明眼人一看就知道他是未来的天子。但事与愿违，奕纬没有读书的天赋，生性懒惰，不肯用功。太傅教他，他不仅不听，而且还总是与太傅对着干。太傅对他实在无可奈何，一天对他说："你不好好读书，将来怎么做好皇帝啊？"奕纬一听，火气上来了，说："我做了皇帝，首先要杀了你！"太傅吓得说不出话来，立即去找道光帝请罪去了。

道光帝听后，怒火中烧，叫道："去把那个畜生给我找来！"太监马上就将奕纬找来了。奕纬来到道光帝面前，还没来得及请安，就被道光帝一脚踢中裆部，由于用力过大，奕纬当场就昏了过去，没过几天奕纬便去世了。

儿子死了，道光帝极为伤心，他如何也没想到事情会发展到这个地步。时隔多年后，一次道光帝在经过断虹桥时，看到了桥栏上雕刻的一个小石狮，这个小石狮它一爪放在头上，一爪护在双腿之间，表情痛苦。此时道光皇帝突然想起了被自己踢死的奕纬，顿时心如刀割，于是命人用红布将那个石狮子盖了起来。后来，宫中的人纷纷揣测，奕纬很有可能是石狮子转世。

据说，此石狮自道光后一直用红布包着，直到民国时期才被人揭掉。如今，人们在故宫参观的时候，还能看到这个怪异的石狮子。

# 孝庄太后死后太后们为何都不住慈宁宫

慈宁宫是明朝嘉靖帝为其母后所建，历时两年建成，可惜他的母后住了没几个月就去世了。后来，那里变成了太后宫。明朝的后几位太后、太妃都曾居住在这里，慈宁宫一区也就成了宫中的"养老院"。

清朝沿用明朝的制度，慈宁宫仍是皇太后们所居住的正宫。可事实上，清朝住进慈宁宫的皇太后寥寥无几，为什么会出现这种现象呢？这不得不说说第一个住进慈宁宫的皇太后了。

顺治十年，慈宁宫修葺一新后，孝庄太后住了进去，成为清朝第一位住客。孝庄在清入关前嫁给了比自己大二十岁的皇太极，生下了顺治帝福临。福临即位后，她成为清代第一位皇太后。顺治帝死后，她又辅助孙子玄烨即位，在康熙年间成为太皇太后。孝庄太后在慈宁宫总共度过了四十四年的时光。康熙二十六年，孝庄太后病危，康熙帝昼夜不离地侍奉在慈宁宫。据说，康熙帝为了祖母还放弃了无神论的信仰，在慈

紫禁城

宁宫举行了一场祭祀仪式，祈求上天让自己减寿，以换得祖母的康复。但不久后，孝庄太后还是去世了。

悲痛欲绝的康熙帝坚持在慈宁宫设帷帐守孝，还想将祖母的棺材长留在慈宁宫内，将慈宁宫作为祖母的"奉殿"。这个想法因遭到大臣们的反对而作罢。慈宁宫的东面曾有"新建宫殿五间"，因深得孝庄喜爱，于是康熙将此五间殿拆了，将建材全部运到孝陵的红墙外，建了个一模一样的，将它作为孝庄太后的"奉殿"。

据说此后，慈宁宫便出现了怪异的现象。入住的太后、太妃们，有的说晚上能听到奏乐的声音，有的说墙上能看到宫女太监走过的影子。这种传说在宫中越传越玄，以致后来的太后们都不敢住在慈宁宫，说自己的身份"压"不住这座太后宫。

乾隆继位后，太后宫只剩下慈宁宫与咸安宫。咸安宫已经被雍正帝改为了"宫学"，其他宫殿由其他老妃嫔们居住。即使这样，孝圣宪太

慈宁宫一角

后也没有住进慈宁宫。乾隆帝是个大孝子，为母后建起了寿康宫，并且每天去问安。孝圣宪太后寿辰时，乾隆还曾亲自起舞为母后助兴。直到孝圣宪太后八十岁时，年纪已经高过孝庄太后去世的年龄，乾隆帝才将慈宁宫重新修茸，将屋顶的单檐结构升级为规制更高的重檐，让母亲移居慈宁宫。孝圣宪太后八十六岁去世后，慈宁宫就再也没有住过人。即使是权倾朝野的慈禧，也没敢住进慈宁宫，仅在寿康宫小住过一段。

# 慈禧太后为何又称"老佛爷"

一提起慈禧太后，人们马上就会想起"老佛爷"这个称号。"老佛爷"是清朝对男性皇帝的尊称。清朝之所以有"老佛爷"这个称呼，是因为满族的首领最早称为"满柱"，是佛号"曼殊"的转音，意为"佛爷"。显赫家族或世袭首领通常起名为"满柱"。清朝建立后，"满柱"汉译为"佛爷"，成为皇帝的特称。然而，"老佛爷"这一称呼被人们熟知，是因为慈禧太后。慈禧既不是男性，也不是皇帝，为何有"老佛爷"之称呢？

关于慈禧太后被称为"老佛爷"的说法众说纷纭，其中最具代表性的有三种说法。

说法一，根据《清朝野史大观》记载：慈禧太后曾经把自己打扮成观音，并拍照留念。这张照片一直悬挂在她的寝宫中，因此朝野上下都尊称她为"老佛爷"。

说法二，慈禧太后因求雨而得。据说，有一年大旱，北京乃至整个华北地区颗粒无收。依照习俗，如遇这么严重的天灾，皇室一定要每日向如来求雨。这次，慈禧太后带着年幼的皇帝向上天求雨，结果不出三日，果然天降大雨，缓解了旱情。慈禧身边的大太监李莲英，借此机会奉承说："太后真是了不得，您就好像是佛爷一样。"从此以后，李莲英每次向慈禧太后请安、奏话时都称她"老佛爷"。久而久之，朝中的其

他的人也都开始尊称慈禧为"老佛爷"。

说法三，慈禧自己加的徽号。根据近代著名文人蔡东藩在《慈禧太后演义》中说，在慈禧六十大寿时，"自加徽号，令承值人员等称她作老佛爷，或称她作老祖宗"。

不管是哪种说法，慈禧被尊称为"老佛爷"这终究是事实。慈禧太后让朝野上下都称呼自己为"老佛爷"，其实有着特殊的目的和用意，那就是她企图把自己比作享有至高无上的权力的男性皇帝，从而满足自己早年就向往的"凤在上、龙在下"的无边欲望。

## 慈禧太后是为玉痴狂的人吗

中国古人有爱玉、佩玉的传统。明清以前，古人多喜欢白玉，明清之后掀起翡翠风。慈禧太后是一个为玉痴狂的统治者，尤其对翡翠情有独钟。

慈禧珍爱玉器的程度是历代统治者所不能比的，据说她居住的宫殿到处可见各种翡翠玉器用具，饮茶用翡翠盖碗，用膳用翡翠筷子，发饰也多是翡翠簪子，手上戴翡翠戒指。

有一年，光绪帝为慈禧太后祝寿，为了讨太后欢心，光绪帝呈上了四只翡翠玉镯，请慈禧从中挑选一个。过了一天，慈禧太后传旨说，四个玉镯她全要。这可让光绪帝花了大笔银子，这四个手镯价值四万多两白银。慈禧用过的玉饰很多，足足能装满三千檀香木箱。

在众多翡翠制品中，慈禧太后最喜欢的是一对翡翠西瓜，是外邦进献的。据说，这对西瓜的瓜皮翠绿晶莹，带着墨绿的条纹，瓜里的黑瓜子、红瓜瓤隐隐可见，可谓是大自然的鬼斧神工。慈禧视若至宝，将其收藏在最坚实的柜子里，并用机械锁锁得结结实实。据说，想要打开这把锁，必须先将钥匙插入锁芯转动五次才行，方向转错或多转少转都打不开。为了安全起见，慈禧太后还特意派了几位亲信太监日夜轮流看守。

由于这对翡翠西瓜被慈禧深藏，除了慈禧，当年很少有人能见其真面目，如今也缺乏文献资料记载。这对翡翠西瓜的去处，更是无人知晓。唯一可查的线索来自慈禧心腹太监李莲英与其侄子合著的《爱月轩笔记》，其中记载慈禧将最心爱的翡翠西瓜作为陪葬品一起埋进了东陵。1928年，国民革命军第十二军军长孙殿英制造了东陵盗墓事件，将慈禧的陪葬品一扫而空，其中也包括这对翡翠西瓜。东窗事发后，孙殿英为了脱罪，拿着盗来的宝贝四处行贿。现在，台北故宫博物院收藏着慈禧陵墓中的那颗翡翠白菜。而关于翡翠西瓜的下落至今仍是个谜，从来也没有人真正见过那对宝贝。

慈禧除了酷爱翡翠，还十分喜欢晶莹剔透的钻石，她的陪葬品中就有一枚罕见的钻石戒指。

慈禧太后（中）

# 城 门 与 胡 同

# 北京城门楼传说

北京作为元、明、清三朝古都，建筑物气势宏伟，其中给人印象最深刻的就是城门楼。城门楼是古人为了把守城池而修建起来的。北京的城门楼非常有特色，这里厚重的青砖、苍乌的瓦、坚实的檐等，都承载着过往的故事，述说着古都独有的王者风度。

## 老北京的城墙为何缺一角

翻开北京地图，大家就会看到有一条环形的线路镶嵌在北京的正中心，将北京城分为内城和外城。它就是二环路，北京古城墙遗址的位置。

北京古城墙始创于元代，建于明代，经历了七个世纪之久。如今，古城墙已经不见踪迹，被二环路替代。细心的人会发现，二环路也就是古城墙的遗迹没有西北角。据史料记载，北京古城墙在元代时还是方方正正的，正所谓"城方如印"。到了明代，内外城和皇城都出现了缺角现象。内城没有西北角，从整体上看，有缺憾之处。

为什么古城墙会没有西北角呢？这是一个不被老百姓所熟知的谜。我国一位著名地理学家曾这样解释说，当初城墙的设计是按矩形设计的，工程师们千方百计地想要将矩形图案的对角线交叉在故宫的金銮殿上，以寓意皇上至高无上的中心地位。但由于自然原因，交叉点最终还

明城墙遗址公园

是偏离了金銮殿。为了避免杀身之祸，工程师们只好去掉了一角，这就是西北角。

另有相传，明朝修建北城墙时，西北角建为直角，但不知何缘故，屡建屡塌，前后百年间，不知修了多少次，最后只好将其建为斜角。

还有一些社会学家从传统的观念上全新解释了这一现象，他们认为我国自古以来就有认为西北方向原本就应该属于一个缺口。西汉刘安的《地形训》就认为，大地的八个方向是有八座大山支撑着天体，其中西北方向的那座山就叫不周山。在《天文训》中也讲到，风来自八个方向，而西北方向吹来的风被称为不周风。东汉的鲁班解释"不周"为不交之意，既然不交汇，自然会出现一个缺口。按此解释，北京城的西北角有缺口，也就不足为奇了。

# 蓟门是北京城的一座城门楼吗

北京的城门楼见证了北京城悠久的历史,那么,北京到底有多少城门呢?

北京城门有"内九外七皇城四"的说法。其中的"内九"指的是:正阳门(前门)、宣武门、崇文门、阜成门、朝阳门、西直门、东直门、德胜门、安定门。"外七"是:永定门、左安门、右安门、广渠门、广安门、东便门、西便门。"皇城四"指的是:天安门、地安门、东安门、西安门。此外,还有故宫的四个门:午门、神武门、东华门和西华门。

除了这些城门,北京还有许多带"门"的名字。那么,你听说过"蓟门"吗?它是不是北京的一座城门呢?

在很多的古诗词中都出现过蓟门,但其实"蓟门"泛指的是北京这个地方,并非城内的某一城门。即便是有名的燕京八景之一的"蓟门

蓟门烟树

烟树"中的蓟门，也不是北京城的一座城门，而是元代古城的旧址。那么，"蓟门烟树"的名字是怎么来的呢？

乾隆帝是一位喜欢吟诗作画、寻幽访胜的皇帝。相传乾隆帝在一首古诗中看到"蓟门"这个词，并对其产生了浓厚的兴趣。他就问大臣们古诗中所写的"蓟门"在哪儿。大臣们一时也想不出"蓟门"在哪，但又不敢说不知道，就敷衍而笼统地说："古之'蓟门'，在古城。"乾隆帝听后，非常认真地说："一定要找到这个古城。"不过北京城的古城很多，到底哪一个才是乾隆要找的古城呢？大臣又开始说："若去延庆的古城需两百里，去房山的古城需一百里，去石景山的古城只需五十里，皇上不妨由近到远地寻找。"

说来也巧，乾隆帝果然在石景山处找到了一座古城，并在古城外看到了一座城门，他十分得意，以为这就是古诗中所写的"蓟门"，还在此处立一石碑，在石碑上题写"蓟门烟树"四个大字。从此，"蓟门"有了一个准地儿，还是皇家钦点的地方。

但实际上，这座古城并非古蓟城，古城的城门更不是古蓟门，而是元大都城西面城墙靠北端的一座门，即肃清门的遗址。

# 崇文门上为何会挂着一口大钟

老北京有句俗话说："内九外七皇城四，九门八点一口钟。"其中前一句说的是老北京城的几座城门，而后一句说的是"内九门"，其中八门挂的是云牌一"点"，而只有崇文门内挂的是钟。这到底是怎么一回事呢？

崇文门上挂钟在老北京民间有两种传说，这两种传说都与龙有关。其一，传说龙的九子之一有个叫"蒲牢"的。这"蒲牢"善吼，在明朝时"蒲牢"经常在北京城的东南方向乱吼乱叫，严重影响了城内百姓的

城门与胡同

生活，于是朝廷就派姚广孝前去制伏"蒲牢"。姚广孝先铸了一口大钟，然后施法将"蒲牢"镇压在钟上。因为姚广孝知道"蒲牢"的特长，因此就把京城东南侧崇文门上的"点"摘了下来，挂上了镇压着"蒲牢"的钟，让它定时吼叫，发挥报时的作用。

还有一个传说是，当年龙王在北京偷运水时，被刘伯温和高亮搅和了，龙王一怒之下水淹了北京城。后来，刘伯温降服了龙王，并把他锁在了崇文门内，刘伯温临走时告诉龙王，想要出来，除非听到崇文门上打"点"的声音。老百姓们为了不再遭受水灾，就偷偷将崇文门上的"点"换成了钟。这样一来，龙王再也不可能听到打"点"的声音，也就不会有出头之日，北京城也就不会再有水灾。

事实上，以前的九门提督衙门设在崇文门。九门提督衙门那里一敲钟，其他八个城门一个跟着一个敲"点"，所以崇文门的钟起到的是给其他八个城门发关门信号的作用。

## 宣武门为何又被称为"死门"

宣武门是京师九门之一，在元朝时叫顺承门，在明朝时改名为宣武门。宣武大炮是当时宣武门最有名的标志。因宣武门外的菜市口是当时的刑场，所以从宣武门带出的囚犯都会被行刑，所以宣武门有了"死门"这个称谓。

明清时期，尤其是在清朝，犯人经过刑部的审核后，都会用囚车经宣武门押送到菜市口问斩。因此，在宣武门的城门洞顶上刻有"后悔迟"三个字。这可真是"后悔迟"：都要问斩了，再后悔当然已经来不及了。其实在菜市口并没有一块规定的刑场，一般都是在菜市口路北的商户门口，设下监斩官的坐案。到了午时，监斩官下令将犯人问斩。

当然，在菜市口被问斩的人，也不全是罪大恶极之人，其中宋末元初的宋朝丞相文天祥，因誓死不肯归顺元朝，被问斩于菜市口。在临终时，他愤然地对监斩官说："我能为宋朝做的事，都已经做完了！"说完后慷慨就义。还有清朝时期的"戊戌六君子"之一的谭嗣同也在菜市口喊出了"有心杀贼，无力回天，死得其所，快哉快哉"的豪迈遗言，更是为宣武门增添了一股肃杀之气！

宣武门老照片

## 被称为"生门"的是哪座城门

安定门旧有"生门"之称，其蕴含着安邦定国之意。明清时期，皇帝每年都会经过此门去地坛拜祭地神，以求一年的风调雨顺。安定门最为特别的是，其他八门的瓮城内都筑有关帝庙，而唯独安定门内建的是真武庙。

既然安定门这么独具风格，明清时期的安定门主要是用来做什么的呢？按照老北京人的说法，安定门是朝廷出兵凯旋之时必走的门。还有

城门与胡同

一种说法是，当时清朝所有的精锐部队全都驻扎在安定门，所以每次收兵时要走这里。实际上，安定门也不全是为了收兵之用，还有一个作用就是，从皇城内往外运送粪便的车，都经过安定门。这是因为当时京城的粪场在地坛附近，从皇城出来，到地坛最近的路就是经过安定门，所以后来有了安定门走粪车的说法。

安定门还是一座多灾多难的城门。明清两朝，安定门前后两次遭受火灾。明正统六年（1441 年）安定门失火，当年明廷重修此门。清道光六年（1826 年）安定门再次失火，清廷同样进行了修缮。清咸丰十年（1860 年）英法联军入侵北京城，联军占领安定门后将英法两国的国旗悬挂于安定门之上，并且不允许中国人出入此门。

# 角楼为何有九梁十八柱七十二条脊

在故宫城墙的四角上，各有一座玲珑别致的角楼，每座角楼都有九梁十八柱七十二条脊。与雄伟庄严的故宫宫殿相比，角楼显得秀丽、宁静，令人赞叹与敬仰。那么，这四座与众不同的角楼是怎么盖起来的呢？

故宫角楼

民间有这样一个传说：燕王朱棣在南京登上皇位之后，为了稳固皇权，便想迁都到他做王爷的老地方——北京，后来就派了亲信大臣到北京修建皇宫。朱棣告诉这个大臣：要在皇城外墙的四个角上，盖四座样子特别美丽的角楼，每座角楼都要有九梁十八柱七十二条脊，并特别嘱咐说："你就做这个管工大臣吧，如果修盖得不好是要杀头的！"管工大臣听了朱棣的话后，心里特别苦恼，不知道怎样修建这九梁十八柱七十二条脊的角楼。

　　管工大臣抵达北京之后，便将城里大大小小的工头、木匠们都找了过来，跟他们说了皇上的旨意，限期他们三个月盖成四座那样的角楼，并说："如果盖不成，皇上自然会砍我的头，不过，在我死之前，我一定会先把你们的头砍了，所以当心你们的脑袋。"工头与木匠们心里也都没有把握，常常聚在一起想法子。

　　很快一个月就过去了，工头与木匠们还是没有丝毫头绪，他们做了很多模型，都不符合要求。而且，当时正值六七月的三伏天，热得人们都喘不上气来，加上心里焦急，工头与木匠们坐也不是站也不是。有一位木匠师傅，实在烦闷，就去大街上溜达去了。

　　走着走着，突然传来一阵蝈蝈的吵叫声，接着又是一声吆喝："买蝈蝈，听叫去。睡不着，解闷儿去！"木匠师傅走近一看，原来是一个老头儿挑着许多大大小小的秫秸编的蝈蝈笼子在沿街叫卖。其中有一个细秫秸棍插的蝈蝈笼子，外形十分别致，里头装着几只蝈蝈。木匠师傅想：不管这烦心的事儿，该死的活不了，买个好看的笼子回去玩玩。

　　于是，工匠就买了个蝈蝈笼子回工地了。大伙儿一看就开始数落他了："大家都心里怪烦的，你怎么又弄几个蝈蝈回来，成心吵人是不？"木匠师傅笑着说："大家也睡不着，解解闷儿吧，你们瞧……"他原想说你们瞧这个笼子多精致啊！可他还没说出嘴来，就发现这个笼子很特别，有点像一座楼阁。他连忙摆着手说："你们先别嚷嚷，让我数数再说。"他将蝈蝈笼子的梁啊、柱啊、脊啊，认认真真地数了一遍，大伙儿见他这么一数，也都屏住了呼吸，静静地睁大了眼睛看着。

城门与胡同

木匠师傅数完了蝈蝈笼子，突然蹦起来一拍大腿说："这不就是九梁十八柱七十二条脊吗？"大伙一听炸开了锅，一个接一个地拿着笼子数，都说："真是九梁十八柱七十二条脊的楼阁啊！"

大家受这个笼子的启发，马上就设计出了故宫角楼的样子，并用纸浆做出了模型，最后修建成了至今还存在的角楼。

## 北京老话儿里的"前门楼子"是什么意思

前门是正阳门的俗称，包括箭楼和城楼。如今人们也把大栅栏那个地方叫前门，所以"前门"也就成了一个区域，范围是珠市口、大栅栏等区域。

北京内城是明初由元大都改建而成的。元大都原有十一座城门，改建后留有九座，但只有门洞，没有城楼。明正统元年（1436年），每座城门又补建了城楼，还增建了箭楼，并在城楼与箭楼之间围建了一圈瓮城，正阳门箭楼就是当时建起来的。正阳门作为京城正门，地位显赫，因此箭楼、城楼比其他八门要高大。而且，其他八门箭楼下都没有门洞，人要出入必须要开瓮城一侧的闸楼门洞，只有正阳门箭楼下开有门洞，仅供皇帝通行，称为"御道"。这个规矩从明清两代一直沿用到袁世凯做大总统都是如此。

其实，如今人们习以为常的正阳门箭楼并不是"原装货"，而是后来经洋人改造的一个中西结合的混血产物。而且，老北京人喜欢将正阳门箭楼叫作"前门楼子"，民间还有句俏皮话说"你有钱你去买前门楼子"。这到底是怎么一回事呢？

1900年，八国联军攻进北京，在天坛的空地上架起大炮，开炮轰塌了前门楼子。之后，占领北京的英军，在正阳门城楼上宿营时，因做饭失火，又烧毁了城楼。慈禧太后与光绪帝由西安避难返回京城后，于

1903 年重建前门楼子和正阳门城楼。1915 年，袁世凯任大总统期间，为了改善交通，聘请德国建筑师罗斯凯格尔改建了正阳门。工程于当年12 月完成，前门楼子被改建成了土洋结合的混血产物。原来的前门楼子没有独立的登城阶梯，由两侧的瓮城顶部作为通道，绕经背面的城楼上下。被改建后，其背面增建了两条"之"字形的阶梯。

到了 20 世纪 60 年代，出于改善交通的愿望，北京拆了城墙，但前门楼子才得以保存。虽然前门楼子已经被洋人改造得面目全非，但是它的留存仍值得庆幸。

而"你有钱你去买前门楼子"这句俏皮话，源于旧时曾有军阀强迫前门外的一位富商出巨款买前门楼子，其实就是一种变相的敲诈行为。最后军阀拿了巨款，但是富商却无法将前门楼子搬走。

前门楼子虽然买不了，不过却成了老百姓们的娱乐题材。北京很多俚语中就有这个前门楼子，其中，"你有钱你买前门楼子去"就成了讽刺人自吹有钱或显摆有钱时的俗话。

# 地安门里有位"老情人"吗

陈升的《北京一夜》这首歌词中包含一些北京地名，每个地名的背后都有一个故事。其中的一句"不敢在午夜问路"，其实是出自北京地安门的一个传说。

地安门，无数英雄男儿从这里北上击寇，战死沙场，而无数女子也从这里送走心爱的人，挥泪一别，从此守寡。

北京内城就有这样一对夫妻。他们幸福恩爱，但是因为战争，丈夫不得不离家出征。按照当时的习俗，丈夫出征，妻子会为丈夫缝制一双绣花鞋，以喻平安。然而，因为这一次征召太急，妻子还来不及缝绣花鞋，丈夫就出发了。临行前，丈夫对妻子承诺说一定会回来，妻子也说

会一直等着他。

然而，战争是残酷的，丈夫战死沙场。他的魂魄在准备过奈何桥喝孟婆汤投胎转世的时候，对地府的人说："我不能喝，我必须得回去，我的娘子说过她会一直在家等着我。"于是，丈夫的魂魄又飘回了人间，可是白天他不敢出来，而晚上能出来时城门已经关闭了，所以，他每天晚上都守在地安门外，希望能找机会进去。

妻子在丈夫走后，缝制了一双绣花鞋，每天都跑到地安门等丈夫，可是一直到死，也没有等回来。地府的人来带妻子的魂魄，妻子对地府的人说："我不能走，我走了，相公回来了就找不到我了。"于是，妻子的魂魄每天晚上都会拿着绣花鞋到地安门内等丈夫。然而，城门紧闭，她看不到城门外的丈夫。

就这样，过了千百年，每天晚上，丈夫守在城门外，妻子站在城门内，彼此思念对方，却不知道彼此离得如此近。


# 天安门前的华表有何寓意


众所周知，天安门前后各有一对汉白玉的柱子，叫作华表。华表又名恒表、表木，是一种在古代建筑物中用于纪念、标识的立柱。华表起源于古代的一种立木，相传在尧舜时代，人们就在交通要道竖立木柱，作为行路时识别方向的标志，这就是华表的雏形。那么矗立在天安门的这两对华表有何寓意呢？

天安门外的那对华表在过去叫"望君归"，是呼唤皇帝出宫之后，能够早日回宫处理朝政；天安门内的那对华表又叫"望君出"，是希望皇帝不要每天都在皇宫里，要适时出宫体验民情。这与华表最早出现时有着异曲同工之妙。

华表相传最早在尧舜时就出现了，尧、舜为了纳谏，在一些交通要道上树立一个木柱，让人们在上面书写谏言。当时的华表叫"诽谤木"。到了汉代，"诽谤木"发展成为一种通衢大道的标志，因为这些标志从远处看上去很像一朵花，所以改名为"华表"。当时的华表多立在邮亭处，是为了不让送信的人迷失方向。

后来，华表发展成为一种立在桥头或者陵墓前的小型装饰建筑品。在《清明上河图》中，汴梁虹桥两端就画有两对高大的华

天安门华表

表。明朝在修建承天门（今天安门）时，就在承天门内外各修建了一对华表，起到了装饰作用，又发挥了"望君出"和"望君归"的作用。

如今，天安门内外的两对华表，是用汉白玉雕刻而成的，其华表柱体上刻画着云龙图案，柱上横贯着一块美丽的云板，好似插入云际。蹲坐在华表顶端的神兽，更是栩栩如生。

## 天安门门前的石狮子上为何有伤痕

北京的天安门是如今北京城主要的符号之一，来北京旅游的朋友没有不去天安门的。细心的人，在游览天安门时，会发现天安门前的两只石狮子上有伤痕。那么，到底是谁打伤了那两只石狮子呢？

这还得从明末说起。明朝末年，由李自成率领的农民起义军从陕西出发，一路势如破竹，在 1644 年攻到了北京城。当李自成占领北京城后，来到了天安门前（当时叫承天门）时，发现门前的这一对石狮子雕

城门与胡同

刻得栩栩如生。其中东边的这只石狮子，右爪踩着一个绣球，头略向东歪，眼向西看；西边这个，左爪踩着一只小狮子，头略向西歪，眼睛向东看。

大家拥簇着李自成走近这对石狮子时，突然有一名士兵大喊道："闯王小心，东边的那只石狮子动了一下！"李自成喝道："石狮子怎么可能会动！"其实，李自成早就发现这石狮子后面有问题，他边说边催马挺枪，一枪刺到了石狮子的腹部。这时只见一个黑影直奔西边的石狮子身后，李自成又向西边的这座石狮子猛刺一枪。此时李自成的部下也围了上来，从西边的石狮子后抓出一人来，众将士一看，原来是明朝大将李国祯。

从那时起，天安门前的这对石狮子身上就留下了两道伤痕。到了清朝，曾经有大臣向皇帝提出，要重新换一对新的石狮子放在天安门，但皇帝制止了，并说这样可以用来时刻警示自己前朝是如何灭亡的。

民间还流传着一种说法，说天安门石狮子身上的伤痕是在八国联军侵华时，八国联军留下的。

# "德胜祈雪"出于德胜门吗

德胜门曾是朝廷出兵时必走的门，这意味着出兵之后能够旗开得胜。德胜门是京城通往塞北的重要门户，因此又有"军门"的称号，在历史上享有军事要塞的声誉。如今的德胜门已不复当年的样式，仅剩一座箭楼，除此之外德胜门能够与京师其他八门齐名，还要得益于"德胜祈雪"这个典故。

"德胜祈雪"的典故的确与德胜门有关。据说在乾隆四十三年（1778年），整个北京城遭受了百年不遇的大旱，城内的有钱人都携全家逃离京城。年末，乾隆皇帝在北行查看明十三陵后，回宫经过德胜门时，突然天降大雪，乾隆皇帝当时大悦，将龙车停在德胜门前，下车御书祈雪诗三百首，并谕刻石立之，以慰天公。这块"德胜石碣祈雪碑"当时就立在德胜门瓮城中"同兴德煤栈"的西侧。至此"德胜石碣祈雪碑"与"阜成梅花""崇文铁龟"等镇门之物一样誉满京城。

1980年北京市政府对德胜门仅存的箭楼进行了大规模修复，1992年将德胜门内的真武庙改建为钱币博物馆。如今，来北京旅游的人登上德胜门的箭楼后，往南可以看到元代御河海子桥（今德胜桥），以及当年运送皇粮的水运码头（今积水潭），向北，可欣赏到护城河的垂柳碧波和德外关厢景物等美景。

# 老北京的"九门走九车"之说

明成祖迁都北京后，在重修北京城时，共开设了九门，也就是常说的"内九"。这九座门在当时分别起到不同的作用，也就是所谓的"九门走九车"，那么这九门到底走的是哪些车呢？

正阳门，在元代时称丽正门，也就是如今人们俗称的前门。正阳门因是皇帝出行专用的门，因此又有"国门"之称，所以正阳门走的是"龙车"。皇帝每年的冬季和春季惊蛰时期都会从正阳门前往天坛祭天和前往先农坛进行春耕。皇帝这两次出行走的必须是正阳门。1949年北平和平解放后，人民解放军举行入城仪式时走的也是正阳门。

崇文门，元代时称文明门，清朝时清政府还在崇文门内设税关。崇文门走的是酒车，因为当时河北涿州是盛产美酒的地方，这些酒从涿州地区运往京城自然走的是南路。运酒的车先经过外城的左安门，再经过崇文门上税后运入内城。清朝时期卖酒的酒铺都会在门前挂上一个招牌，上面写着"南路烧酒"，以此证明自己卖的酒是已经上过税的酒。据说和珅当年就是靠掌管崇文门的税收发迹的。

城门与胡同

朝阳门，在元代时又称齐化门，主要是负责运输米粮之用，所以在朝阳门的瓮城门洞内刻有一束谷穗的图形。因为当时交通不像现在这么发达，一些从南方运送来的粮食必须先走通惠河，通过水路运到北京城东边的通州后，再装车从通州运往京城。运送粮食的马车出通州后，进城走的就是朝阳门。粮食运入朝阳门后，就暂时存放在附近的粮仓内。如今的朝阳门内还有"海运仓""新太仓"等地名。

东直门，元代时称元崇门。东直门在过去一直有最贫之门的说法，因过去的东直门外设有很多砖窑，因此京城内常用的砖都是通过东直门运到内城里。除此之外，从南方运来的木材走的也是东直门，所以，东直门走的是砖车和木车。

德胜门，元朝时称健德门，多为出兵征战之门，所以德胜门走的是兵车。按照星宿，北方为玄武，玄武主刀兵，因此出兵打仗的时候必须走北门，而德胜门在这"九门"中属于正北门，所以每次出兵打仗时都会走德胜门。之所以叫德胜门，其中也寓意着每次出兵都会取得胜利。清朝时期，在德胜门东边的城墙上会安装一门大炮，不过这大炮不是用

东直门老照片

来打仗的，而是用来报时的。每天到了午时，德胜门和宣武门都会同时放炮，城内的百姓会听炮对时。但老北京人却常说"宣武午炮"，而不说"德胜午炮"。这估计是因为每当午时宣武炮响之时都会有犯人被处死，所以"宣武午炮"要比"德胜午炮"更为有名。

安定门，元朝时称安贞门。此门是朝廷出兵作战后的收兵之门。因此安定门走的也是兵车。不同于德胜门的是，德胜门是"出兵之门"，而安定门则是"收兵之门"。每次凯旋之后，部队都会由安定门进入京城，当然即便是这场战争失败了，也会从安定门进入京城。安定门还有一个作用，就是将故宫内的粪便运到城外，所以安定门也走粪车。

西直门，元朝时称和义门，西直门与东直门东西呼应，因此老北京人常说，西直门是东直门的"姐妹门"。清朝时期，因京城内的井水苦涩发干，皇亲国戚们都不喝城内的水，专门喝位于城西玉泉山上的泉水。当时运水的车基本上都要经过西直门，所以西直门走的是水车。

阜成门，元朝时称平则门。阜成门走的是煤车，因为当时京城西边的门头沟一带有很多煤窑，从门头沟运入京城的煤炭，走的都是阜成门。

宣武门，元朝时称顺承门。因菜市口刑场就在宣武门外，所以押运囚犯的囚车要经过宣武门，因此宣武门走的是囚车。

# 为何有"永定门貔貅走一步"之说

永定门位于北京中轴线的最南端，是老北京外城最大的一座城门，它不仅是从南边入京的重要通道，也是皇家狩猎的必经之地，所以又叫狩猎之门。貔貅被视为招财、辟邪的神兽，传说其以财为食，只进不

出，因此常被用于镇宅、聚财。永定门作为北京的重要城门，放置貔貅雕像，意在祈求财富与平安。

老北京还流传着这样一句话：人行万里路，不如永定门貔貅走一步。这句话有何来历呢？

貔貅是古代神话中的一种神兽，龙头、马身、麟脚，外形似狮子，毛色灰白，会飞。它凶猛威武，在天上负责巡视工作，阻止妖魔鬼怪扰乱天庭。所以，人们有崇拜"貔貅"的习俗，希望它能将邪气赶走，带来欢乐与好运。

民间有"龙生九子"的传说，据说貔貅是龙王的第九子，它的食物是金银珠宝，看起来浑身宝气，并因此深受玉皇大帝与龙王的宠爱。不过，吃多了就会闹肚子，所以它有一次忍不住随地便溺，结果惹怒了玉皇大帝，一巴掌打下去，屁股被封了起来。从此，金银珠宝只能进不能出。也正是因为如此，人们便将貔貅视为招财进宝的祥兽。

因为貔貅是龙的儿子，而且在天庭中掌管重要的部队，所以有添福增寿的传说。

相传，乾隆帝七十三岁时，一天夜里做了一个梦，梦到掌管人间生老病死的东岳大帝来巡察故宫，便急忙率领群臣跪拜迎接。东岳大帝见乾隆帝态度诚恳，便向他泄露了一个天机，告诉他阳寿已尽，如果想要延长寿命，就必须到永定门貔貅庙请神祭拜。乾隆帝醒后大惊，第二天便赶到貔貅庙，找到住持说明此事，并让其选好黄道吉日。

乾隆帝回宫后，斋戒三天，沐浴更衣后便到貔貅庙请神祭拜。他虔诚地祭拜了东岳大帝，然后沿着神路东侧走了八步，做了一首迎神歌，将诸神请来后，行大礼虔诚祭拜，拜完后又在西侧走了八步，做了一首送神歌。俗话说："请神容易送神难。"乾隆帝在做送神歌时，费了好大心力，才把诸神送回天庭。诸神回到天庭后，便根据乾隆帝在请神与送神时所走的步数给他延长了十六年的寿命。乾隆帝当时是七十三岁，加上十六岁，正好是八十九岁，所以乾隆帝活到了八十九岁，成为历代皇帝中寿命最长的皇帝。

# 北京胡同的魅力往事

北京的胡同可谓遍布全城，老北京有一句俗语说"有名的胡同三百六，无名胡同赛牛毛"。北京的胡同多得是数也数不清，据说有六千多条，将它们连接起来，比万里长城还要长。如此规模宏大的胡同，在里面居住过的人的数量当然是难以想象的。而且随着时间流逝，花开花落，人来人去，无数人在这里留下了他们的传奇。正是他们的故事成就了北京胡同的魅力。

## "胡同"这一叫法出自哪里

北京城的胡同，如今已经成为北京文化的一部分。那么"胡同"这个叫法到底是如何来的呢？

"胡同"一词的叫法，源于元代，在很多的元曲中都多次出现"胡同"一词，如《张生煮海》中，梅香就有一句台词是"我家住在砖塔儿胡同"。由此可见，"胡同"这个叫法真的与元朝有关。元朝是由忽必烈建立的，因此说"胡同"源于蒙古语。

1271 年，忽必烈建立元朝，1279 年消灭南宋并定都北京，史称元大都。因为蒙古族一直生活在水源稀少的荒漠地带，因此他们对水充满崇敬之意。所以，元朝时北京居民家里都会有一口井，"井"就成为当时人们居家的代名词。一排排民间的街道被称为"忽洞格儿"。"忽洞

格儿"在蒙古语中就是井的意思，后来人们就把"忽洞"谐音为"胡同"，如此一来，"胡同"一词便沿用到今天。

# 豆嘴胡同里住着一个兔儿爷

北京东四有个豆嘴胡同，据说里面住着一个神仙，是东门仓的保护神，人称"金光洞兔儿爷"（兔神）。

兔儿爷是神仙中的武将，本领超强，什么妖魔鬼怪都要怕他三分。因为他很有来头，他的师父是太乙真人，师兄是法力无边的哪吒三太子。哪吒三太子因助修建北京城立了大功，被天帝封为太上城隍，专管天下绦绳行业。别看这个官名听起来小，实际权力却很大。其一，记事归他管。古以结绳记事，所以，人们为了让孩子读书记得牢，都会到三太子庙里去祈求，希望孩子将来能考取个好功名。其二，哪吒三太子还负责教人盘扣。女孩子要想心灵手巧，必须要学会盘扣。古时北京人不但衣服上用盘扣，窗帘、烟袋、荷包等都要用盘扣，以显示家中姑娘心灵手巧。北京自辽代以来，衣服上就普遍使用盘扣，成为北京服饰的一大特色。其三，哪吒三太子还是龙的克星。北京是天子的都城，皇帝都自称"真龙天子"，民间求哪吒三太子保佑，一可以不受皇亲国戚的欺辱，二可以保风调雨顺、天下太平。所以，北京民间很信奉哪吒三太子。

哪吒三太子做了北京太上城隍，自然就给师弟金光洞兔儿爷安排了个东门仓神的好差事。为什么说这个官好呢？因为兔儿爷爱吃毛豆！

金光洞兔儿爷法力通天，疾恶如仇，还有一副菩萨心肠。据说有一个仓官因为家父无钱看病，私卖官粮，被人揭发，就要被抄家。仓官于是向仓神兔儿爷许愿，保证将赃款全数退回，今后再不贪污一颗粮食。兔儿爷实现了他的愿，将他家里变卖官粮所得的金锭变成了砖头，使得仓官躲过一劫。仓官补上官粮后，兔儿爷又罚他生疮半年，以换取他父亲的康复。

兔儿爷做东门仓神谨守职责。清道光年间，北京有一大贼叫达本德。此人飞檐走壁，武艺高强，白天在城门楼檐顶上睡觉，夜里便到各大王府去行窃，五城兵马司根本治不了他。达本德去各王府行窃如同走亲戚一样，想拿什么就拿什么，王爷府中秘藏的各种宝贝都被他给偷走了。可是到了东门仓，达本德的本事就发挥不出来了，他刚想蹿上仓墙，就被一个头戴官帽，身上发光的兔子给拦住了。他去哪里，兔子就跟到哪里，别说偷东西了，达本德连东门仓的墙都没有翻过去。后来，达本德有一天在一家戏楼顶上睡觉，见一名大武生演"伐子都"的戏十分精彩，竟忘了做贼见不得人的事情，从棚顶上伸出头拍手叫好。正巧，九门提督也在台下观看，于是大呼"捉贼"，在场官兵连同戏团武生，将戏台子团团围住，达本德终于被擒。当审问达本德时，达本德说全城王府官宅，皆出入自由，只有东门仓进不去，因有兔神保护。这一消息后来传遍北京城，人们纷纷到东四购买金光洞兔儿爷以保全家四季平安。

清朝年间，北京各大庙会集市都有卖兔儿爷的。那时候北京还有中秋供奉兔儿爷的习俗，如今兔儿爷已经演变成了老北京的传统玩具。

## "百花深处"的名字是怎么得来的

北京有一个胡同的名字十分美丽，叫作"百花深处"，位于西城区护国寺附近。这个胡同的名字读起来，不禁让人觉得唇齿含香，仿佛张口就能吐出一缕芬芳似的。这就是美丽名字的魔力！关于"百花深处"名字的由来，也有一段美丽的传说故事。

相传明万历年间，一对张氏夫妇在现在的新街口之南买了十多亩田地，种上了瓜果蔬菜。后来又开辟了一个花园，种上了牡丹、芍药等。

城门与胡同

经过几年经营，这片花园子里，春有牡丹夏有荷，秋有菊花冬有梅，一年四季，花香不断。若赶上风儿一起，方圆几里都满溢芬芳，引得京城众多文人雅士到此处游览，赏花饮酒，赋文唱和，并给这里起了这么一个好听的名字。张氏夫妇死后，园子也逐渐荒废败落，形成了民居街巷，但仍然沿用那充满了诗意的美丽名字——百花深处。

到了今天，百花深处已经形成了一条狭长的胡同，胡同两旁的墙都是用碎砖砌成的。如今，胡同里的人们还保留着养花的传统。

而且，百花深处的美名也被写进了歌中，听过《北京一夜》的人应该都很熟悉"怕走到了百花深处"这动人心弦的句子。

## 辟才胡同原为"劈柴胡同"

北京的胡同很多，在这众多的胡同中，有一条很有名的胡同，位于政协礼堂南面，叫辟才胡同。

那么，辟才胡同的名字背后有什么故事呢？相传，这条胡同的西口，以前有一座很不起眼的小庙。这座小庙的东面住着一个霍姓人家。这家人家财万贯，多少年来长盛不衰。不过，霍家附近的邻居们多是一天连三顿饭都吃不饱的穷人。可是，霍家却从来不帮助他们，反而总是仗势欺人。

后来，霍家不知为何就慢慢地变穷了，甚至到了要饭的地步。霍家人自己也弄不清楚为何沦落到如此境地。一天，有一个收破烂的老头来到了霍家，问："你们霍家怎么现在穷到了卖破烂的地步了呢？"霍家对老头说："我们也觉得很纳闷儿，我们的钱到哪里去了呢？"老头听完，哈哈大笑道："其实，我知道你们原来为何那么有钱。因为你们家对面开了一家劈柴厂，所以你们霍家运气很好。人家买劈柴烧火，越烧越旺，所以你们霍家越来越有钱。后来穷，是因为劈柴厂的两边又挖了两

口水井，这样就将你们霍家的好运气给破了。井里的水会浇灭你们家的旺火，而且那两口水井是苦水井，被苦水浇的火永远也旺不起来，生活当然就变苦了。"霍家人一听，恍然大悟，原来是这些穷邻居挖水井将自己的家势给败了，于是便想办法对付他们。

一天半夜，霍家五人扛着铁锹，想偷偷地将两口井给填了，不料就在他们往井里填土的时候，突然狂风大作，将他们五人都刮到井里淹死了。

此后，这一片的百姓再也不用忍受霍家的欺负了。因为此事是因劈柴厂引起的，所以大家就将所住的这个胡同称为劈柴胡同。据说，几年之后有个大官从此路过，觉得这个胡同名字不雅，于是更名为辟才胡同。


# 丁章胡同是代表友情的胡同吗


北京有个丁章胡同。丁章胡同名字的背后流传着一个有趣的故事。

据说，那里曾经住着一个大财主，他家有好几处大宅院，还开了数家店铺，雇了好多伙计，家里的钱财不计其数。但是，这个财主心眼不好，作恶多端，上了年纪时得了一个毛病：只要一闭上眼，便会看见许多冤鬼来找他算账。这些鬼有些是在生意场上被他诈骗，弄得穷困潦倒而死的；有些是因为借了他的高利贷，无力还钱而自尽的；有的是在他家做佣人被折磨而死的。这个大财主每天夜里总会被鬼魂吓得惊叫起来，弄得全家都不得安宁。

后来，财主认为他住的大宅子是凶宅，于是便搬到另一个宅子里去了，只留了一个姓丁的佣人看管这座闹鬼的宅子。这个姓丁的佣人出身穷苦，从小是个孤儿，在大街上流浪讨饭长大，不相信有鬼，胆子非常

城门与胡同

大。东家让他看房子，他痛快地答应了下来。从此，他一个人住在一个大宅子里，无人看管，不再受东家指使，日子过得十分惬意。他每天除了吃饭睡觉无事可做，不是在院子里散步，就是在胡同里与人闲聊，日子过得赛过神仙。

一天夜里，姓丁的佣人做了一个怪梦，梦见一个白胡子老头将他领到院子的东北角，指着墙根儿说："这儿埋了一大缸银子，你挖出来，一辈子就衣食无忧了！"他高兴得笑醒了，可是一睁眼就记不清埋银子的地方了。他后悔自己没问清白胡子老头儿，不过那个地方的样子他隐约还记得。

第二天，他一早起来便到院子里转悠，不由得来到院子的东北角，一下子就想起来昨晚梦中埋银子的地方正是此处。他找来锄头来挖，不一会儿就挖出来一个大缸，揭开盖子一看，里面是白花花的银子。他又惊又喜，心想这不会是东家的吧？但心里觉得有点害怕，于是又迅速地将缸埋了起来。

回到屋中，他思来想去，琢磨不透这到底是东家埋的，还是别的人埋的。他想着是将此事告诉东家，还是自个儿偷偷挖出来逃走去别处过日子去。他也拿不定主意。这时候，他突然想起自己最好的一个姓章的朋友。这个人是他在街头讨饭时就认识的，很有主意，在外地一家饭馆里当伙计，不妨找他来商量商量。

于是，他便兴冲冲地去找姓章的朋友去了。很快，他便找到了这位多年不见的朋友。他悄悄地对朋友说："我平日里没时间来看你，今天有急事特来找大哥商议。"姓章的见他两眼冒出喜悦的光，说："有什么事情，尽管说！"姓丁的于是将事情一五一十地说了一遍。姓章的一听，兴奋地猛拍了一下他的肩膀，说："兄弟，这次你可走运了，这是老天爷赏赐给你的！"姓丁的高兴地说："要走好运咱们一块走，有我的就有你的，咱们哥俩儿有福同享，有难同当，我怎么好意思一人独吞呢！"于是两人便商量起来。姓章的说："我有个主意，你先回去摸个底，看银子是不是你东家的。你就对东家说，这些天闹鬼闹得十分厉害，你害怕，不敢再看房子了，然后劝他将宅子卖掉。如果银子是他的，他肯定不会同意卖房子，或者会主动提出银子的事情；如果银子不是他的，他的态度就会不一样。你探出底后，我们再来商量。你觉得这个主意怎么样？"姓丁的连连点头。

回去后，姓丁的照着姓章的说法对大财主说了。大财主听后说："卖掉房子？可是这鬼房子谁愿意买呢？"姓丁的一听此话，心里顿时激动了起来，他忙回答说："卖房子的事情根本不用发愁，只要卖给外地的主儿就行了！附近的人都知道这个房子闹鬼，但是远处的人肯定不知道。反正有很多想进城买房的人。只要价钱低点，肯定有人争着买。房子卖了之后，就是闹鬼再找你也没用了！"

大财主最近被鬼闹得十分头疼，正愁房子白扔着可惜，听姓丁的这么一说，拍手叫好："行！就这么办，你给我联系一下远处的买主，不过钱可不能少要！"姓丁的连忙称"是"，然后又去找姓章的朋友商量去了。

姓章的听了这个消息，便确定这缸银子不是东家的，而是过去的人埋下的。他乐呵呵地说："这下好了，房子与银子全是你的了！你回去对东家说，你已经找到了买主了，过两天就去看房子，今天夜里你偷偷地将银子挖出来，取一部分给我作为买房子的钱，由我出面去买房子！"

两天后，姓丁的带着姓章的去见大财主。姓章的身穿暗花绸料大褂，神气十足，像一个十分有钱的财主。东家一看，心中暗喜，觉得这座鬼房子终于可以卖出去了，当下便交易了。从此，这座房子便姓章了。不久后，姓丁的便辞去东家佣人的活儿，与姓章的住到了一起。两兄弟十分谦让，将房子、银子平分，两人都开铺子做买卖，日子过得十分红火。由于他们两人对人和气，而且经常帮助穷人，不像别的财主那样欺压穷苦百姓，很受欢迎。后来，他们所住的那条胡同就叫丁章胡同了。

# 灵境胡同住着老神仙

说起灵境胡同，在北京生活过的人几乎都知道，因为它是地铁四号线连接北京南站到市中心的必经之路。灵境胡同位于北京西城区，它东起府右街，西至西单北大街。灵境胡同的名字很容易让人联想到仙境，那么灵境胡同是因何得名的呢？这里真的出现过神仙吗？

灵境胡同的名字其实得于当时位于此处的一座道观，这座道观名为洪恩灵济宫（简称灵济宫）。此道观始建于明朝永乐十五年（1417 年），当时是为了供奉徐知证和徐知谔兄弟俩而建。相传，这兄弟俩神通广大，而且好助人为乐，帮人排忧解难。一次，明成祖朱棣在与元军的战斗中，被打得节节败退，这两位神仙便显身军中，为朱棣出谋划策，最后击败了元军。

后来，朱棣夺得皇位后，迁都北京，有一回生了病，梦中又是这两位神仙送来了神丹妙药。皇帝吃下后，马上就痊愈了。明成祖很高兴，下旨在西苑外修建灵济宫，用来祭祀这两位治病救命的神仙。

清朝时，灵境胡同被分为东西两段，东段因灵济宫被称为林清胡同，西段称为细米胡同。民国年间西段被改称为灵境胡同，东段被称为皇城根。新中国成立后东西两段又被合称为灵境胡同。

# 东四十四条胡同里有什么故事

元代时，北京有一条十分繁华的商业街叫十字街。明永乐年间，十字街修建了东、西、南、北四座牌楼，这就是有名的"东四牌楼"，因此十字街被改名为东四大街。

如今，四座牌楼虽然已经不在了，但是东四的地名仍在沿用。而且这里还有以东四命名的东四头条至十四条胡同。尤其其中的三条至八条胡同，在元代已经形成，街巷严格遵循大街二十四步、小巷十二步的规制建造。这些胡同排列整齐，四合院布局规整，显现了完整的"鱼骨"式的胡同肌理。

如今，这些胡同已经经历了七百多年的岁月，至今格局仍未改变。人们行走在其中，如同穿梭时光隧道回到了古老的年代，感受到其深厚的历史文化底蕴。这些胡同里曾经住着享受奢靡生活的皇室贵族，也住过有着辉煌成就的文臣武将，也住过才华横溢的文人墨客。可以说，这里的每条胡同都与历史上的名人有着千丝万缕的关系，更埋藏着许多往事。

东四头条胡同里曾经居住过很多有名的人物，如著名作家老舍、钱钟书、杨绛、茅盾等，著名的相声大师侯宝林也曾经在此居住过。

东四二条胡同也居住过两位在历史上极有名的人：一位是雍正帝的

东四大街老照片

侄子，曾在这里建设了孚王府；另一位是乾隆年间的福康安，也曾在这居住过。

东四三条胡同从旧时起就是东四地区的中心地带，在这里居住的最具传奇色彩的要数 27 号院的一位格格。这位格格曾经是溥杰的候选夫人，但最后并未与溥杰结婚。格格的母亲又打算把她嫁给溥仪，但被溥仪拒绝了。最后这位格格终生未嫁。

东四四条胡同，据说是纪晓岚外宅曾建在这里；大太监李莲英也曾在此住过；新中国成立后著名翻译家楚图南也曾在这里住过。史料记载，这里曾是为清王朝制钱的地方。

东四五条胡同曾经住过清朝大臣裕谦。裕谦作为钦差大臣抵抗英国的侵略，最终战败投水殉国，是鸦片战争死难者中官阶最高的大臣。

东四六条胡同里最引人注目的当属崇礼宅府。崇礼是光绪年间有名的大学士，因与皇室有亲戚关系，当时也算是有钱有势一族。他的住宅还被称为"东城之冠"。

东四七条胡同，从上空往下俯瞰，宛如一条巨龙。当时的人都说这里人杰地灵，民国年间的大军阀阎锡山不知从哪听到了这个传说，就把自己在北京的公馆搬到了这里。

东四八条胡同有承恩寺、正觉寺。八条胡同 71 号院是清代宫中掌管帘子的官吏所盖的一座宅子，新中国成立后成为叶圣陶的故居。院中种满了花草，还有两棵大海棠树，叶圣陶与冰心曾在此留影。后来进此院的人都以在此留影为荣。

东四九条胡同 69 号院原为清代皇族爱新觉罗·奕谟的贝子府邸。京剧大师梅兰芳先生曾在此院的花园中拍摄《黛玉葬花》片段。

东四十条胡同是一条富有历史文化的胡同。明清两代的皇家仓库之一南新仓就坐落在这里。民国时改为军火库，后来又成为北京市百货公司仓库。

东四十一条胡同是运送粮食的粮道，这里有个特点就是没有树，当时谁要是在这种下树，那可是犯了杀头的大罪。

东四十二条胡同因离市区比较远，显得幽静了许多，这里没有住过什么有名的人，所以被称为"平民胡同"。

东四十三条胡同东段，旧称慧照寺胡同，因有明代古刹慧照寺而得名。1965年汪家胡同和慧照寺胡同合并称为东四十三条胡同。著名的诗人艾青就曾居住在这里的97号院。

东四十四条胡同东段旧称五显庙，西段旧称船板胡同。这里有肃亲王耆善的府邸遗迹。


# 为什么说锡拉胡同是甲骨文诞生的地方


锡拉胡同位于东城区西南部，是王府井大街西侧的一条胡同。这条胡同相传是明朝时期专门制作蜡台等锡器的地方，因此有了锡拉胡同这个怪名字。

锡拉胡同可以说是一条名人辈出的胡同，清末时期实际的掌权者慈禧太后年少的时候就生活在这里，还有光绪年间担任京师团练抗击八国联军的大臣王懿荣，以及1948年担任北平市市长的何思源。走出如此多名人的锡拉胡同为何会与甲骨文扯上关系呢？

王懿荣对中国古代文物有着精深的研究，殷墟甲骨经他之手，从"龙骨"变成了珍贵的古代文化研究资料。王懿荣是甲骨文的最早发现者，这一点基本上在学界已经达成共识。

至于坊间流传很广的王懿荣生病吃药买龙骨发现甲骨文之说，始见于1931年《华北日报》的《华北画刊》上的一篇署名为"汐翁"的《龟甲文》："光绪戊戌年，丹徒刘铁云鹗，客游京师，寓福山王文敏懿荣私弟，文敏病店，服药用龟板，购自菜市口达仁堂，铁云见龟板有契刻篆文，以示文敏，相与惊讶。文敏故治金文，知为古物，到药肆询其

来历，言河南汤阴安阳，居民撂地得之，輂载衔粥，取直至廉，以其无用，鲜过问者，惟药肆买之云云。"该文不长，且错误颇多，考古学家李学勤认为该说"离奇"且"不符合事实"，可谓评价允当。也正因离奇，合乎人们的好奇心理，所以该说流传甚广。

这位居住在锡拉胡同的王懿荣后来在光绪二十六年（1900 年）八国联军侵华时，受朝廷的委任，担当京师团练大臣，负责保卫京城，最后因寡不敌众大败。他在战败后，因不愿做亡国奴，选择了投井自尽，时年五十五岁。

# 大太监李莲英死于棉花胡同吗

李莲英，出生于道光二十八年（1848 年），原名李进喜，是清末最有权势的总管太监。他是第一个叫慈禧太后"老佛爷"的人，很会拍马屁，知道如何讨主子欢心，而且处事十分谨慎。

慈禧太后很爱看戏，而且常常赏给艺人一些东西。一次她看完著名艺人杨小楼的戏后，将他召到跟前，指着满桌子的糕点说："这些是赏给你的，带回去吧！"杨小楼忙跪下谢恩，他不想要糕点，于是壮着胆子说："老佛爷，这些贵重之物，奴才受不起，请另外恩赐些！"慈禧心情不错，恩准了。杨小楼叩头说："老佛爷洪福齐天，可否赐奴才一个字。"慈禧太后听了，一时兴起，便让太监取来笔墨纸砚，举笔一挥，写了一个"福"字。

当时站在一旁的小王爷看了一下慈禧写的字，悄悄地说："福字是'示'字旁，不是'衣'字旁！"杨小楼一看，果然是错了，如果拿回去必然会遭人议论，而且还犯了欺君之罪，但不拿回去也不好，慈禧太后可能会要了他的命。他急得直冒冷汗，浑身发抖。慈禧太后也十分尴尬，下不了台，她既不想让杨小楼拿走，但也不好意思再要回来。

就在这时，侍奉在旁的李莲英眼珠一转，笑眯眯地说："老佛爷之福，比任何人都要多一'点'呀！"杨小楼一听，连忙接着说："老佛爷福多，这万人之上之福，奴才怎么敢领呢！"慈禧太后正愁没台阶下，听他这么说，也顺水推舟，笑着说："好吧，那就改天再赐给你吧！"就这样，李莲英为慈禧太后解了困境，也为杨小楼消了一灾。

李莲英八面玲珑的性格使得他深受慈禧太后的宠爱。他伺候慈禧太后

李莲英画像

尽职尽责。光绪三十四年，即 1908 年，慈禧归天后，李莲英在为老太后守了一百天的孝后才悄无声息地离开皇宫，离开他生活了五十二年的地方。离宫时，他谁也没有告知，包括他的徒弟们在内。之后，宫里的人就再没见过他。

李莲英出宫后一直过着隐居的生活，不张扬更不招摇。他最初住在中南海西苑门外北夹道。李莲英深知树大招风的道理，所以，他把西城棉花胡同、东城帽儿胡同、地安门南大街东侧的黄化门四十一号等几处住宅都分散给了亲戚们住。当时，人们谁也搞不清楚他具体住在哪一处宅子里。

李莲英在海淀镇彩和坊二十四号还有一处宅子，这是一座多进四合院，起脊门楼，青砖悬山式影壁上雕有梅兰竹菊、鹭戏荷花，垂花门连接着左右游廊。宅子中有从圆明园移来的奇峰异石。许多人以为他出宫后有可能会住在这里，实际上他基本上没有在彩和坊住过。

李莲英死于宣统三年（1911 年），这一年他六十四岁。当时，他住在西城棉花胡同八十三号，这院子雕梁画栋，后院有花园。李莲英虽不缺钱财，但他的仇家可是个个会要了他的命，所以，他大部分时间都躲

城门与胡同

在棉花胡同八十三号，从不敢贸然外出。关于他的死，外界也有很多种说法，有人说是吸大烟死在家中，也有人说是被土匪所杀，但当时他的家人对外宣称是病死的。

当年，没有了慈禧后，李莲英转而投靠隆裕太后，这才免遭王公大臣们的捕杀。后来，隆裕太后看他鞍前马后地跟随自己挺长一段时间，就赏银千两为他办了后事。

## 南锣鼓巷曾住过一位传奇人物

南锣鼓巷门牌号为 59 号的一个不起眼的宅院，曾经住着一个传奇的人物：这里是明末清初著名的降清将领洪承畴府邸的一部分。

洪承畴，福建泉州人，明朝万历年间，二十四岁的洪承畴考中进士，并于十余年后升任陕西布政使司参政，成为从三品的道员。后来，他得到崇祯皇帝的赏识，被派去镇压起义军，逐步提升为巡抚、总督等要职。《清史稿》记述，洪承畴的部下俘获了闯王高迎祥，又将继任的闯王李自成打得大败，从此，洪承畴被誉为文武全才的重臣。

洪承畴画像

崇祯十四年（1641 年），洪承畴率领吴三桂等八个总兵官共十三万兵马救援锦州。面对实力强大的清军，洪承畴本想结营固守避免决战，但是生性多疑的崇祯皇帝却派人前来督战，不断催促进军。洪承畴被迫进军，结果损兵五万，不得不退守锦州城外十八里的松山城。半年以后，清军攻占松山城，洪承畴被俘，由此引发了他降清的传奇故事。

对于洪承畴这样的将才，皇太极思贤若渴，一心想要笼络。但是被俘后的洪承畴立志对大明忠心不二，拒不降清，最后竟以绝食求死。皇太极派文武百官轮流劝降，洪承畴都不为所动。为此，皇太极无计可施，愁闷不已。

这时，最受皇太极宠信的汉官、吏部尚书范文程提出前去劝降，看他是否真有求死的决心。范文程到狱中后，任凭洪承畴冷嘲热讽，绝口不提招降一事，而是心平气和地与他谈古论今。谈话之间，梁上掉下一些尘土，落在了洪承畴的衣袖上，洪承畴一边说话，一边不经意地轻轻拂去。

这么一个细微的动作，范文程看在了眼里，便回奏皇太极：一个人对自己的衣服尚且爱惜成这个样子，更何况对自己的身体和生命呢？所以他不是真的只求一死。

皇太极大喜，亲自去看望洪承畴。他嘘寒问暖，脱下自己的貂裘披在洪承畴的身上。洪承畴感动之余，终于动摇了。

再说明朝这边，松山兵败，举朝大震，都以为洪承畴必死无疑，崇

南锣鼓巷

祯皇帝极为痛悼，辍朝三日，以王侯的规格亲自为他"祭十六坛"，并御制《悼洪经略文》昭告天下。可谁知，祭到第九坛时，消息传来：洪承畴降清了！朝廷内外又是一阵巨大的骚动。

后来，有人将洪承畴写的、挂在自家中堂之上的那副著名的对联"君恩深似海，臣节重如山"各加了一个字，拧翻了联意，深有讽刺之意：君恩深似海矣！臣节重如山乎？

# 鲤鱼胡同曾有人"跃龙门"吗

老北京有条胡同叫鲤鱼胡同，原名为老人胡同。老人胡同有什么来历呢？为何又改名为鲤鱼胡同呢？

在鲤鱼胡同的附近还有举场胡同、笔管胡同、驴蹄子胡同。在明清两代，这几条胡同可谓闻名天下，因为这里是选拔人才的地方。鲤鱼胡同的名字就是取自"鲤鱼跳龙门"的意思；举场胡同是贡院（会试的考场）；笔管胡同里有个著名的笔店，专为考生提供上等笔墨；驴蹄子胡同，是因各地考生骑驴进京在这里投宿，留下驴蹄子印而得名。

据说有一年，京城大考，全天下的考生都来京应试。一名河南考生，提前三个月就从家出发赶往北京。别人进京不是骑马就是坐船，最次也要骑一头毛驴。可这名河南考生家里穷困至极，只能自己挑着自己的行李徒步赶往京城。就这样，一路辛苦地赶到了北京，结果贡院的住处都住满了。他只好拖着疲惫的身子在街头找落脚的地方。这时，一位老人走过来问他："年轻人为何要叹息啊？"这个考生听老人这么一问，一阵心酸，难过地说："我来晚了，贡院没住处了，我举目无亲，恐怕考试也要耽误了！"老人见他是个有志气的人，于是说："别难过，如果不嫌弃，就到我家里住下吧！"年轻人一听，激动不已，立即给老人跪下磕头，欢喜地跟着老人走了。

这位老人就是住在鲤鱼胡同的一个好心老汉。当时，这条胡同只住了十多户人家，都是在贡院当过差的人，自从老汉在这里住下后，这条胡同就叫老人胡同了。这个考生在老人家住下后，便安心读书，准备考试。

距考试只有三天时，突然下起了大雨，天上乌云翻滚，地下沟壑全被填满。大雨下了一个时辰后，天逐渐亮了起来。忽然从天上落下一条长约两尺的大鲤鱼在胡同里游来游去，引来许多人在屋檐下围观。大家正看着突然传来一声响雷，只见这条鲤鱼腾空而起，直朝贡院飞去，然后在贡院上空翻了一个身，就钻入云里不见了。大雨停后，人们议论纷纷，说鲤鱼跳贡院，今年准要出人才。事情就这样迅速地在京城传开了。老人胡同也因此被人们叫成了鲤鱼胡同。

三天过后，考试开始了，各地考生精神抖擞地在贡院聚集。而这个河南考生由于来得晚，连个号牌也没拿到，可是他一点也不慌张，在老人的指引下，他随着人流走了进去，找了一个不起眼的地方坐了下来。主考官开始发卷，别人都有，就是没他的。他也不着急，取出自己带的纸就开始写了，很快就写完将卷子交了上去。

主考官一看这份卷子没有盖印，纸也不一样，就知道是个混场的，随手就放一边儿了。过了一会儿，他又随手拿来看，越看越觉得这份卷子不同寻常，文笔超群，才华横溢。其他主考官看了也连连称赞，结果这位河南考生竟考了个头名。

河南考生考中后，第一件事情就是跑去与老人分享，还为老人立了个牌坊，因此鲤鱼胡同又被称为大牌坊胡同。从此以后，这条胡同就更有名了。

此后，每逢大考，各地的考生都争着到鲤鱼胡同借宿，为的就是要借"鲤鱼跳龙门"这个吉利的说法。鲤鱼胡同也因此扩建，盖了好多房子。连附近卖笔的笔店也跟着兴隆起来，都说河南考生是用了这家的笔才考上头名的，这就是笔管胡同的来历。

可是，后面的考生无论在鲤鱼胡同住了多少天，也考不上了，因为

他们只为鲤鱼跳龙门的虚名，并没有鲤鱼跳龙门的大志，所以永远也跃不过龙门。

# 烟袋斜街像烟袋吗

烟袋斜街位于什刹海历史文化保护区的核心区内，东起地安门大街，西至小石碑胡同，与鸦儿胡同相连，为东北西南走向，为 2007 年重点建设的八条特色商业街之一。据史料记载，此街原名为鼓楼斜街，清末改为烟袋斜街。为何取名为烟袋斜街呢？

据说，当时居住在北城的旗人（清朝八旗人的自称），多数都爱抽旱烟或水烟，烟叶装在烟袋中。由于烟袋的需求与日俱增，所以斜街上开起了许多烟袋铺。这条街上的烟袋铺，大都是高台阶，门前竖一个木制大烟袋当幌子。黑色的烟袋杆儿，金色的烟袋锅儿，十分形象。而且，烟袋斜街本身就像一只烟袋，细长的街道很像烟杆，东头入口处又像烟袋嘴儿，西头入口处折向南边，看上去像烟袋锅儿。正是基于这两方面的原因，这条街以烟袋斜街命名，一直流传到今天。

# 菊儿胡同为何名扬世界

菊儿胡同在北京众多的胡同中算得上是历史较为久远的一条胡同，但它名扬世界却是在近代，也就是 20 世纪 90 年代。那么，这条胡同有着怎么样的历史呢？它又为何会名扬世界呢？

菊儿胡同在明朝时叫局儿胡同，清朝乾隆年间被称为桔儿胡同或橘儿胡同，直到宣统年间才被称为菊儿胡同。菊儿胡同的 7 号院曾经是清直隶总督大学士荣禄的府第，后来不曾做过很长时间的阿富汗大使馆。据传菊儿胡同的41号院曾经是一座寺庙，这座寺庙的开山僧人是皇帝的替僧。

历史悠久的菊儿胡同能名扬世界，这要追溯到1978年。1978年开始，国家相关单位对旧北京城整治展开了一系列的实地调查。菊儿胡同在此期间被选定为试点区。相关人员根据"有机更新"城市规划理念，拆除了一些破旧的房屋，并保留了那些有历史价值和文化价值的建筑。根据这一理念改造修缮后的菊儿胡同，于1992年夺得了亚洲建筑师协会金质奖，1993年获得联合国"世界人居奖"。

菊儿胡同在获奖后，吸引了大批喜欢北京胡同文化的海内外人士来北京参观旅游，菊儿胡同因此也就名扬世界了。如今的菊儿胡同既保留了老北京四合院的风格，又吸收了现代住宅的特点，使传统的居住模式适应了现代社会的发展，近年来聚集了一大批喜欢北京或者初到北京的外国人。

菊儿胡同

# 琉璃厂是最有文化味儿的胡同吗

　　说起最具有北京文化味儿的胡同，那就非位于和平门外著名的文化街——琉璃厂莫属了。说这里是最具北京文化气息的胡同一点都不夸张。

　　历史上，远在辽代，琉璃厂并不是城里，而是郊区，当时叫"海王村"。后来，到了元朝这里开设了官窑，烧制琉璃瓦。自明代建设内城时，因为修建宫殿，就扩大了官窑的规模，琉璃厂成为当时朝廷工部的五大工厂之一。到明嘉靖三十二年修建外城后，这里变为城区，琉璃厂便不宜于在城里烧窑，而迁至门头沟的琉璃渠村，但"琉璃厂"的名字则保留下来流传。到了清代，琉璃厂附近又修建起了大量的会馆，于是琉璃厂也就逐渐成为展示和收藏书籍等文物的"京都雅游之所"。直到

琉璃厂老照片

今天，这里依然是一些老字号文化商铺的聚集地，如古艺斋、萃文阁、一得阁、李福寿笔庄等。中国最大的古旧书店以及三大书局都在此。而在琉璃厂，最有名的百年老店荣宝斋最为引人注目。

琉璃厂不仅是文化氛围浓厚的地方，在这里还曾发生过很多大事。1905年，中国第一部自制电影《定军山》就是在这里拍摄完成的，并在当时引起了很大的轰动；由铜刻大师张樾丞设计制作的新中国国印也是在琉璃厂完成的。1949年新中国成立前夕，张樾丞受国家邀请，成为中华人民共和国开国大印的总设计师。

琉璃厂不仅有着深厚的文化底蕴，还处处透露出老北京的文化气息，让很多文人雅士流连忘返。

# 为何帽儿胡同是最"尊贵"的胡同

帽儿胡同位于北京市东城区西部，东起南锣鼓巷，西至地安门外大街。老北京人称这条胡同为"尊贵"的胡同，为什么这么说呢？因为它是北京城内四合院建筑水平最高、最具有历史价值的一条胡同。而且，帽儿胡同曾经居住过许多历史著名人物。那么，这条胡同都与哪些历史人物有关呢？

现在的35号院和37号院就是当年末代皇后婉容的故居，是婉容的曾祖父所建。在婉容被册封为皇后后，这里被改建为王府级别的"后邸"。当年末代皇帝溥仪就是从这条胡同里接走婉容的。

曾经的梓潼文昌庙的遗址也在帽儿胡同。文昌星和梓潼帝君在道教被视为主名禄的神仙。在元代时人们把这两位神仙合为一位，称为文昌帝君。以前来这里烧香拜祭的人很多，在辛亥革命后，文昌宫被禁止祭拜活动，逐渐也就被人们遗忘了，现在改为了帽儿胡同小学。

在帽儿胡同里还坐落着晚清最有艺术价值的私人园林——可园，这

帽儿胡同

里原为清朝大学士文煜的私宅和花园。文煜用了大半生的时间修建自己的宅院和花园，于咸丰十一年（1861年）修建完成。这座可园是公认的园林精品。

冯国璋的故居也位于帽儿胡同的13号院，这里还一直保留着民国时期的建筑风格。1918年冯国璋被迫下台后就居住在这里，并于一年后病故于此。

这条朴素而又古老的帽儿胡同，为后人留下了很多的历史见证，具有浓厚的老北京胡同气息，是回味历史不可错过的去处。

## 吉兆胡同曾叫鸡爪胡同

吉兆胡同位于朝阳区朝阳门内大街北侧，东起南弓匠营胡同，西至朝阳门北小街，南邻烧酒胡同，全长两百多米。在过去因形状像鸡爪所以被叫作鸡爪胡同，也叫鸡罩胡同。那么后来是什么原因改名为吉兆胡

同的呢？

　　据说，鸡爪胡同改名为吉兆胡同与段祺瑞有关。段祺瑞是安徽人，起初是袁世凯手下的得力干将。1924年，段祺瑞担任中华民国临时执政时，他搬入鸡罩胡同居住。因为段祺瑞本人十分迷信，他感到住在鸡罩胡同，像是被扣在笼子里，因此认为"鸡罩"这个词很不吉利。因此，他的下属向他提议，将"鸡罩"改为谐音的"吉兆"。段祺瑞听到后很高兴，于是就将鸡罩胡同改名为吉兆胡同。

　　其实这只是一个传闻，大可不信，根据史料记载，段祺瑞在北京担任民国临时总执政时，所住的地方是在吉兆胡同北边的仓南胡同里，并非住在吉兆胡同。实际上，鸡爪胡同改为吉兆胡同是在清宣统年间。

　　在老北京像这样因名字不够雅致或不吉利而改名的胡同还有很多。例如，时刻亮胡同之前叫屎壳郎胡同，高义伯胡同之前叫狗尾巴胡同，光彩胡同之前叫棺材胡同，寿比胡同之前叫臭皮胡同，等等。

城门与胡同

# 北京地名传说

北京的地名，有以"门""桥""营""窑""园"命名的，还有以"坟"、动物命名的，等等，各种各样，风格迥异。这些富有古老韵味的地名使得掺杂现代繁华都市气息的老北京形成了独有的魅力。这些地名背后蕴含着深厚的人文底蕴，也埋藏了许多鲜为人知的故事。

## 钓鱼台是皇帝曾经钓鱼的地方吗

在北京，一提到钓鱼台，人们都以为说的是玉渊潭的钓鱼台。其实，老北京曾有四处钓鱼台，即东钓鱼台、西钓鱼台、南钓鱼台和北钓鱼台。

钓鱼台国宾馆的钓鱼台，其实是东钓鱼台，也叫玉渊潭钓鱼台。金代时，这里是鱼藻池，水域面积大，因为金章宗完颜璟曾在此筑台钓鱼，故有"皇帝的钓鱼台"之称。

据史料记载，章宗帝是历代皇帝中第一位钓鱼爱好者，开创了中国皇帝钓鱼先河。每逢春暖花开后，他便摆着阵仗来到风光旖旎的望海楼（今钓鱼台国宾馆）钓鱼，兴致高时甚至废寝忘食，不理朝政。他还下达圣旨，在这里大兴土木，先后修建了金碧辉煌的澄漪亭、潇碧轩等建筑，作为他钓鱼时休憩的行宫。

一次，章宗帝去钓鱼，随从队伍如长龙般在水边排开，钓了半天一条鱼也没有钓到。章宗帝觉得随驾人员太多，鱼儿不敢浮上来，一怒之下将随从人员赶走了，只留下了几位大臣和侍卫。果然，很快就钓到一条大鱼。此后，章宗帝出宫垂钓轻车简从，一改从前前呼后拥的大场面。

清时乾隆帝也十分喜欢垂钓。他活到八十九岁高寿，为历代皇帝寿命之最，应该与他长期垂钓有一定的关系。乾隆皇帝在位六十年中，许多时光都是在垂钓中度过的。有时，大臣们要奏事不得不到望海楼去找他。

乾隆帝还喜欢游钓，每次南巡时几乎行一路钓一路，钓遍了大江南北，抚州、苏州、扬州等地都有他的垂钓足迹。一次，乾隆帝南巡时来到景色秀丽的扬州瘦西湖，顿时钓兴大起，顾不上一路奔波的劳累，便脱下黄袍垂钓。不一会儿，便钓上了一条大鱼，侍卫赶紧上前，小心翼翼地将大鱼投入黄色大渔网里活水存养，乾隆帝一直钓到晚霞洒在湖面上。后来，人们为纪念乾隆帝曾到此钓鱼，在瘦西湖修建了闻名遐迩的"皇帝钓鱼台"。

钓鱼台

城门与胡同

1774 年金秋，乾隆帝在望海楼钓到了不少鱼，一时兴起便亲手御笔"钓鱼台"三字。从此望海楼改名为钓鱼台。

1956 年，永定河引水工程开动时，开拓了一个约十公顷的葫芦形水面，为永定河引水工程泄水，取名为八一湖。1959 年，钓鱼台国宾馆建起，又开辟了三个人工湖，四周绿树成荫。

东、西钓鱼台以三环路为界，三环路西面、中央电视塔北面称为西钓鱼台，地铁 10 号线的"西钓鱼台站"即由此得名。南北钓鱼台是朝内大街的两条南北走向的胡同。这两条胡同中部有一个小弯儿，以南的叫南钓鱼台胡同，以北的叫北钓鱼台。1965 年后，南钓鱼台并入猪肝胡同，改称为北竹竿胡同；北钓鱼台并入后石道胡同，这两处钓鱼台逐渐被人们遗忘。

# 虎坊桥以前有老虎吗

在北京城里、郊外，分布着许多带"虎"字的地名。老虎是森林之王，象征着威武与力量，在中国传统文化中具有重要的意义。在北京的"虎"字地名中最有名的要数虎坊桥了。这里原来真的养过老虎吗？地名的背后有什么故事呢？

虎坊桥是纪晓岚的故居所在地。纪晓岚曾在他的著作《阅微草堂笔记》中多次提到"虎坊桥"这个地名，还解释过这处宅子的来历。这里最初是清初将领岳钟琪的宅子，纪晓岚是后搬来的。

如今，虎坊桥既没有虎也没有桥，究竟是怎么得名的呢？其实在明朝时，这里是养虎的地方，为了防止老虎跑，还设有大铁门。现在，菜市口的东北方向有条铁门胡同，估计就是当年虎房铁门的所在处。

那么，"桥"字有何来历呢？原来这里的确有一条河道。在明清时期，这里有条由北向南流的河道。虎坊桥就是建在这条河道上的石桥。到了近代，因为修路，河道被填，石桥也逐渐湮没无闻。如今，虎房、石桥都已经成为历史，唯有"虎坊桥"这个地名仍流传至今。

# 什刹海的名字有何由来

什刹海是北京历史文化保护区，是北京内城唯一有着开阔水面的开放型风景区，被誉为"北方的水乡"。什刹海附近的建筑在北京城占有重要地位，主要代表有恭王府、醇王府、宋庆龄故居、德胜门箭楼、广化寺、会贤堂，等等。因为游客增多，这里逐渐出现了一些古文化商店、酒吧、小吃街等，成为京城文化名区。

关于什刹海地名的由来有三个不同版本的传说。

什刹海

第一个说法是，皇帝贴出皇榜要修建北京城，可是皇帝不愿意拿自己国库的银子，就让大臣们想办法解决。皇帝不愿出钱，其他大臣怎么舍得自掏腰包呢？后来，一个大臣把活财神沈万三的事告诉了皇帝。皇帝一听高兴了，下令赶紧带沈万三进宫。

沈万三来到养心殿面圣，皇帝一瞧，心里犯嘀咕了，这么个穷老头，怎么能是活财神，是不是下面那帮人抓错了？他问："你就是沈万三？"老头回答："小人正是沈万三。"皇上接着又问："你可知道哪里有金银？"沈万三回话："小人从没听说过。"皇帝问："你不知道哪儿有金银，为什么都叫你活财神？"沈万三回答："那是旁人那么叫我的，我不是活财神。"皇帝没得到银子，甚是不悦，把罪都怪在了沈万三的头上，责罚了他一百大板。

五十大板下去，沈万三已被打得皮开肉绽，鲜血直流，再打下去就没命了。沈万三哀求道："你们别打了，我知道哪有银子。"太监赶紧回禀了皇帝。皇帝半信半疑："带他挖去，挖不出银子来，再打！"沈万三带着官兵来到一块空地上，往下一指，说："你们就在这儿挖吧。"果然，他们挖出十窖银子来。据说，这十窖银子，一窖是四十八万两，总共四百八十万两。有了这笔银子，北京城的修建有了着落，而且，国库还充盈了一些。金银挖出来后，地下就形成了一个巨大的坑，后来，坑里聚集了大量的水，人们就叫它"十窖海"，

而"窖"和"刹"字用北京话念快了，发音很相近，因此，百年之后逐渐就叫成"什刹海"了。

第二个说法是，什刹海附近有十座有名的古刹：广化寺、火德真君庙、护国寺、保安寺、真武庙、白马关帝庙、佑圣寺、万宁寺、石湖寺、万严寺。什刹海因这十座寺庙而得名。

还有一种说法是，什刹海附近曾经有座古寺叫什刹海寺，什刹海水面正是因为这座寺而得名。这座寺建于明代，坐落于今德内大街糖房大院 27 号，曾是大钟寺的下院。据说新中国成立前这里还有和尚居住。纪晓岚就曾在这座寺中居住过。

# 公主坟安葬的是哪位公主

据说公主坟曾经是安葬公主的地方。那么是哪位公主安葬于此呢？

自从电视剧《还珠格格》热播后，公主坟埋葬的公主是谁，便引起了广泛关注，众说纷纭。有的说埋葬的是乾隆的义女，有的说是金泰之妻，还有人说是奇女子孔四贞。其实公主坟内埋葬的是哪位公主，在1962年修建地铁的时候，北京文物部门对公主坟进行考古挖掘，已经得出了结论。经过考古学家们推断，公主坟内埋葬的是嘉庆皇帝的两位公主：庄敬和硕公主和庄静固伦公主。

庄敬和硕公主生于乾隆四十六年（1781年），并于嘉庆六年（1801年）下嫁蒙古亲王索特纳木多布济，卒于嘉庆十六年（1811年）。庄静固伦公主，为嘉庆四女，生于乾隆四十九年（1784年），于嘉庆七年（1802年）下嫁蒙古土默特世袭贝子玛尼巴达喇，卒于嘉庆十六年

公主坟老照片

城门与胡同

（1811 年）。

　　根据清朝祖制，下嫁的公主，不能葬入皇陵，也不能进入婆家公墓，所以这两位公主在去世后，被葬于如今的公主坟处。而传言最多的是说公主坟内安葬的是孔有德之女孔四贞。明末清初时，原来的明朝大将孔有德降清后，屡建战功。顺治九年，孔有德在桂林被明将李定国围困，受伤后自尽身亡。孝庄皇后于是收养其女孔四贞为义女，并封为和硕公主，成为清朝唯一的一位汉族公主。因为她的封号和硕与嘉庆的女儿庄敬和硕公主一样，所以被人们误认为是同一人。

## 酒仙桥真有酒仙经过吗

　　在北京生活过的人都知道，东直门外有个有名的地方叫酒仙桥。古时候，这里有一座大石桥，为何叫"酒仙桥"呢？

　　在清代，酒仙桥一带的人多是些瓦窑工匠和赶骆驼、卖苦力的人，他们从事的是老北京最下层的体力劳动。他们在辛苦的劳动之余，最喜欢的就是喝酒。而北京在当时又是北方的苦寒之地，因此，饮酒的风气更兴盛。而酒仙桥这一带，偏偏没有什么好酒，这里的人们每每走过这桥进城，总是不忘带回点好酒来，与亲朋好友分享。

　　据说，这座桥刚落成的那天，桥两边挤满了观看的人群，可谁也不敢第一个通过这座桥。这并不是担心桥不牢固，这么敦实的石桥，别说一个人上去，就是挤满了人也不会颤一颤的。主要是古时候的人都很谦虚，人们都觉得自己身价不够，怕冲了大桥的"喜运"。两岸的人都在瞧着，等第一个人过桥之后，然后再跟着上桥。但是等了很久，还是没有人过。等到太阳快落山时，打远处来了一个推着独轮车的白胡子老头儿，老头儿红光满面，精神抖擞，车两边各装一个大酒篓，直奔桥走来。桥边的人看到了，议论说："这老头劲儿不小啊，这酒少说也有

· 92 ·

四百斤！'"看来他要上这桥。"大伙正说着，老头推着小车就上了桥，不一会儿就走到了桥中央。人们不由得叫好，话音还没落，小车突然向右一歪，两篓酒就掉在桥上，滚落到了河里。

等待过桥的人们忍不住喊了出来："酒篓掉啦，赶快捞啊！"没想到，老头儿连瞧也没瞧，依旧飞快地推着小车到桥那边去，转眼就不见了。

顿时，桥上炸开了锅，人们议论纷纷，觉得这老头儿肯定不是一般人，会不会是哪路神仙？大伙你一言我一语，忽然从河水里飘散出一股酒的香味，提鼻子一闻，都情不自禁地说："好酒！好酒！"于是大伙都认为，白胡子老头一定是酿酒的神仙，专门把那两大篓子酒从桥上倒进了河里。后来有人说："这座桥可是酒仙走过的桥，干脆把这座桥叫酒仙桥吧！"从此，这座桥就叫酒仙桥了。


# 前门大栅栏真的有过栅栏吗


大栅栏是北京最古老、最繁华的商业区之一，有着"京师之精华尽在于此，热闹繁荣亦莫过于此"的美誉，是著名的老闹市。

大栅栏位于北京城中心地段，位于天安门广场以南，前门大街西侧，是南中轴线的重要组成部分，在古代就是一个繁华的街区。若追溯它的历史，可追溯到明代孝宗弘治元年，当时为了防止京城内日益猖獗的盗贼，有位大臣上奏皇帝，提出在京城内外小巷路口设立栅栏，夜间关闭。奏议得到皇帝的批准后，京城内许多重要街巷都设立了栅栏，每天夜里各条胡同、街巷都会被栅栏封起来，有的地方还派人看守。到了清代光绪年间，城内外已经有一千七百多处栅栏。

栅栏的修建多由富商大贾出资。现在的大栅栏地区，当时并不是叫此名，而是叫廊房四条，附近还有廊坊头、二、三条。到了清代，这里

城门与胡同

成为商业中心，而且栅栏修建得又大又好，因此被人们称为大栅栏。大栅栏以南的很多胡同，如王皮、蔡家、施家、干井儿等街巷，至今仍保留着明代的名称。

大栅栏之所以闻名，不仅是因为它有众多的商店，还因为它有许多名扬中外的老字号。如嘉靖九年开业的六必居，为京城酱园之首。再加上有关宰相严嵩为六必居题匾的传说，更加深了它的古老感和知名度。康熙八年开业的药店同仁堂全国闻名，其首创人是皇宫御医，有些处方是传统宫廷秘方，三百多年来深得百姓信赖。还有嘉庆十六年开业的马聚源帽店、咸丰三年开业的内联升鞋店、光绪十九年开业的瑞蚨祥绸缎皮货店，都是本行业中的龙头。

如今，大栅栏在国内几乎无人不知，即使在国际上也很有名气。这条古老的商业街之所以能经历近六百年的风雨而不败，自然有它珍贵的地方。

# 王府井为何叫王府井

王府井大街是如今北京最繁华的商业大街，奇怪的是它为何叫王府井呢？

原来这里是有名的王爷的住宅区。明朝时，这里是达官贵人的聚集地，曾有十座王府位于此地，因此曾有"十王府街"之称。清代时，废除了"十王府街"这个名字，改为"王府街"。民国时期，王府井大街分为三段：南段叫王府井；北段叫王府大街；中段叫八面槽。后来，人们将整条街统称为"王府井大街"，一直沿用至今。

关于王府井名字的来历，在民间有一个有趣的传说。据说，当年北京城里的人用水都来自井水。北京城中的井很多，因为北京在古时是一片海，水资源十分丰富。燕王修建北京城时惹怒了龙王。龙王一怒之下

便用断水的方法来进行报复。他化成普通人的样子，用两个水篓子想将北京的水都带到西山黑龙潭去。当时，刘伯温派猛士高亮去追赶龙王，眼看龙王就要到黑龙潭了，高亮急中生智，举起长矛朝龙王左边的篓子刺去，一篓子水顿时泄了出来，这样北京城才有水喝。可是龙王还是带走了一篓子水，所以只要稍稍天旱，北京就要闹水荒。

有一年，北京城遇到了百年不遇的大旱，城里大大小小的水井都干枯无水。只有少数的几口井还在冒水，其中就包括王府门外的一口井。而且，王府门外的井不但有水，而且十分甘甜。然而王府里的王爷却派人看住了井水，不让人们来取水。

幸好看守井水的老人心肠很善良，非常同情受灾的百姓们，对王爷霸占水井不让穷人活命十分不满，于是就趁晚上王府里的人都睡着了，让人们来取水。后来，这件事被王爷知道了。王爷便审问老人为什么要这样做。老人笑眯眯地对王爷说："王府里每天所吃所用的东西都要雇人运送，如果周围的人都被渴死了，以后王府的活不就没人干了吗？"王爷听后感觉很有道理，就不再派人看守水井，允许人们前来打水。之后，每天来王府井打水的人渐多，不仅附近胡同里的居民来打水，住在远处的人也闻风而来。

从此，王府井这个名字也就传了出去，原来不知道有这口井的人也都知道了，人们来这一带也用"王府井"代替。后来，这里逐渐变成了繁华的商业区，但人们还是习惯叫它王府井。

## 苏州街是模仿江南街景建造的

苏州街南起紫竹院西侧的万寿寺，北至海淀镇西侧，至今已有二百四十年的历史。据说，这条古老的街道是乾隆帝当年为其母亲而修建的。为何乾隆帝会修建一条名为苏州街的街道呢？

城门与胡同

乾隆十六年（1751 年），乾隆帝到江南巡视，其母也跟随前往。皇太后当时已年过六旬，是第一次离开紫禁城来到江南。皇太后来到江南后，就被江南的秀丽景色所吸引。回宫后，皇太后仍念念不忘江南的那些秀丽景色。为了讨皇太后欢心，在皇太后七十大寿来临之际，乾隆帝大兴土木，从万寿寺开始一直往北到海淀镇、畅春园沿线修建了一条长达数里的苏式商业街，并取名为苏州街，并从苏州城里选来商人在此经商，整个街开满了具有江南风味的商铺，使人感觉好像置身于繁华的江南小镇之上。此后，每当皇太后想起当年江南的景色，就会到此游玩。

1860 年英法联军烧毁圆明园后，苏州街上繁华的景象也随之消失。

## 八王坟里究竟埋的是哪位王爷

北京有很多地方的名字都带一个"坟"字，除了公主坟，还有一个很有名的地方叫八王坟。八王坟，位于今天东四环四惠桥西南侧的通惠河北岸。这里，究竟是埋着八个王爷呢？还是埋着一个排行老八的王爷呢？

八王坟，其实是清太祖努尔哈赤的第十二子英亲王阿济格的墓地。阿济格英勇善战，年轻时凭借一身本领而享誉军中，后来在与明军的交战中大败明军，十分威风。在之后的数次战役中，阿济格接连取胜，因为战功显赫被封为武英郡王，后来又晋为英亲王，因为在有封号的王爷中排名老八，所以人称八王爷。

顺治八年（1651 年），多尔衮病死，阿济格想密谋承袭摄政王之位，事情泄露后，遭到孝庄皇后和顺治帝的幽禁，不久被赐死。死后，他被埋葬在通惠河畔一个荒凉的地方，即后世所谓之八王坟。

康熙帝在位时，开始重新重视阿济格的开国功勋。乾隆十一年，即

1746年，重新修葺八王坟，有了宫门、享殿、宝顶、墙圈、驮龙碑，更有"东衙门""西衙门"之别，占地面积达数十亩，规模宏大，显示了墓主人身份的高贵。据见过它的老人回忆，地宫大门后有两道弯槽，内有两个石球；关门时，石球顺着弯槽滚至门后，大门就无法推开了。

1911年辛亥革命后，王爷坟的宫门、享殿均被拆除，卖作砖瓦木料，整座坟墓遭到严重破坏，多次被盗。其中，"东衙门"里埋的大量殉葬品，更是被洗劫一空。八王坟随着年代的久远，已经破败不堪。

而今天的八王坟，仅作为京东近郊地区极其重要的交通枢纽而存在。

# 八宝山藏着八件宝贝吗

八宝山，是西山山前岗阜，由东西两座山峰构成，距天安门大约有十五公里。八宝山历史名胜颇多，明代时有延寿寺、灵福寺、朝阳庵，西峰上建有娘娘庙，其中最著名的还是褒忠护国寺。然而，八宝山成名是因为山上的公墓群。新中国成立后，山上陆续建起八宝山革命公墓、八宝山第二公墓和北京西郊殡仪馆。在八宝山北麓，另有八宝山人民公墓，附近有老山公墓和老山骨灰堂，均为普通公墓。

八宝山原名为黑山，关于八宝山名字的由来，有一个十分有趣的传说。

相传八宝山脚下的一个山洞里藏着八件宝贝：金牛、金马、金鸡、金碾子、金磨、金豆子、金簸箕和金笸箩。八宝山因此而得名。

很久以前，具体不知哪个朝代，八宝山住着一对老夫妇，两人没儿没女，靠种丝瓜过日子。一年，他们照旧在院中种了丝瓜，可奇怪的是无论如何浇水施肥，就是结不出瓜来。只有瓜秧长得越来越长，好不容易才开了一朵花，长出的丝瓜却上粗下细，像倒挂着的葫芦。

城门与胡同

一天，老两口在门口乘凉，为今年的生活发愁。就在这个时候，从远处来了一个白衣先生，来到了门前，看见园子中这个丝瓜顿时愣住了。他一会儿朝山上看看，一会儿又朝丝瓜看看，用手掐算了半天，然后冲着老两口走了过去。白衣先生对老两口说要买架上的那个丝瓜。老两口说不行，因为这唯一的丝瓜是为明年留种用的。但是白衣先生一定要买，他说自己是为配药给人看病的。老两口一听是救人的，就答应了，而且分文不收。白衣先生千恩万谢，临走前嘱咐他们："丝瓜不熟的时候不能摘，一定要等我来摘。"

其实这个白衣先生不是救死扶伤的大夫，而是来寻宝的。他掐算到山下埋藏着宝贝，但是开山需要钥匙。而这个丝瓜正是开山的钥匙，于是就向老两口撒了个谎，将瓜弄到了手。

白衣先生走后，老两口小心翼翼地照顾着那个丝瓜。然而，那一年的秋天气候异常，刚立秋就下了霜，老两口怕丝瓜冻坏，于是就提前摘了下来，放在一个木匣子里，等白衣先生来取。

一天傍晚，白衣先生终于来了，当他知道老两口提前摘了瓜时，急得直跺脚，说："坏了！摘早了，不管用了！"于是唉声叹气地将丝瓜拿走了。老两口觉得很奇怪，就跟着他悄悄地下山了，看他到底想要做什么。

只见这位白衣先生来到一处向阳的山坡前，然后用丝瓜在一块大石头上画了一个圈，接着一道光闪现，大石头化为一扇门，但是只开了一条缝。老两口探头望去，只见门缝里都是宝贝，有金牛、金马、金鸡还有金簸箕，还有一个金碾子在转，碾子上都是金豆子。白衣先生望着里面金光灿灿的宝贝说："可惜摘早了，否则我就可以进去了！"他试着将手伸了进去，拿到了金簸箕，可惜门缝儿太小，怎么也拿不出来。就在这时，洞中的公鸡打起鸣来，白衣先生叫道："不好！"赶紧扔了金簸箕，抓了一把金豆子。正要往外拿，老头儿过去打了他的胳膊一下，手一抖，金豆子全掉到洞里了，门也关上了。

白衣先生知道自己理亏，于是羞愧地走了。从此，人们都知道这座山下埋着八件宝贝，但是谁也拿不出来。这座山因此也就叫八宝山了。

其实，八宝山之所以被叫作八宝山，是因为它真出产八件宝贝，只不过是八种建筑材料：耐火土、白土、灰石、红土、青灰、坩土、黄姜和砂石。

# 潘家园曾经卖城砖

北京有一个举世闻名的地方，就是潘家园。潘家园是北京城里最有名的旧货市场，闲来无事的人都喜欢来潘家园旧货市场逛上一圈，然后买上几件自己喜欢的工艺品、小装饰品等。

其实，潘家园最早不是卖古玩的，而是卖城砖的。明朝时，潘家园是一个烧砖的窑厂，因为老板姓潘，所以叫潘家窑。据说这位姓潘的窑主，原来就是烧制琉璃瓦出身，来到京城后，本想也经营一家烧制琉璃瓦的窑场，可是这里的土质太疏松，不宜烧制琉璃瓦，所以改烧砖块。在当时因这一带大大小小的砖窑有几十家，彼此竞争很激烈，这位潘窑主又是初来乍到，所以经营效果一直不好。但他并没有放弃，私下里到各个砖窑转了几天后，决定先要提高砖的质量，再在经营上下功夫。

潘窑主在每次烧砖的时候都会亲自把关每个环节，绝不偷工减料，所以烧出来的砖成色好、硬度强、不易破碎。同时在出售的时候给前来买砖的人会优惠很多，还自己雇佣马车给十里以内前来买砖的人送货上门。于是潘家窑场生意越做越大，在这里做工的人最多的时候有三五百人，后来这里就逐渐形成了村落，并以窑场命名为潘家窑。

到了民国后期，这一带的土被用得差不多了，只留下了很多水坑和洼地，潘家窑场也经营不下去了，不久便搬到了房山地区。

新中国成立后，这里开始修建居民区，仍继续沿用潘家窑这个名字。但后来人们觉得这个名字叫起来不够雅致，所以改名为潘家园。

1992 年后，潘家园逐渐形成了一个旧货市场，并迅速发展为全国最大的古玩旧货市场，吸引了国内外的游客来此淘宝。如今的潘家园不仅仅是一个地名，还是北京古玩市场的代名词。

## 龙须沟就是如今的金鱼池吗

龙须沟老照片

龙须沟，也就是今天的金鱼池，在北京是一个很有名的地方，但它不是名胜古迹，与皇家、名人也没有关系，为何这么声名显赫呢？因为这里是京城人文地区，人民艺术家老舍曾以此地区为题材，创作了著名的《龙须沟》剧本，并被拍成电影。

龙须沟在古代很可能是河道，又因为北京城是明清两朝的都城，是"真龙天子"的所在地，所以这条河道就有了龙须沟的美名。据记载，龙须沟在明代就出现了，它源自虎坊桥，经天桥、金鱼池、红桥再南折至永定门外护城河，横贯北京外城的东南部。另据考证，明正统年间，此河水与正阳门东护城河水流经三里河，在金鱼池附近汇合，所以早年的龙须沟水量很大。

光绪年间以前，龙须沟水还是清澈的。到了宣统年间，金鱼池以北三里河的水干枯，河道淤成陆地。随后，红桥下游的水成了死水，在清《宣统北京城图》上，此河道标为龙须沟。

进入民国时期，龙须沟成了一条污物漂流、蚊蝇滋生的臭水沟。据记载，龙须沟的地质很差，地面由垃圾垫起来，五米之下才见原始地面。

新中国成立后，龙须沟得到了彻底的治理，当地百姓安居乐业。一条臭水沟本来没有机会成名，但是老舍先生大笔一挥，创作了话剧《龙须沟》，使得龙须沟声名远扬，京城无人不知。如今的龙须沟已经蜕变成金鱼池，成为北京城著名的人文地区。

## 簋街原来是"鬼街"吗

北京东直门处有一条街道，叫簋街，这里可谓是声名远扬，几乎是在北京生活的人所必到的地方。这里的特色风味美食让人流连忘返，是"吃货们"每周必报到的地方。

然而，这条街的名字让人有些捉摸不透。这个簋街的名字究竟是如何得来的呢？

据说，这里以前十分冷清，不像现在这样热火朝天。在这里长居的老人说，这里以前有很多卖棺材、寿衣的，城门楼外又都是坟地，整个地方都是阴森森的。

此后，许多商人也到此开店铺，卖各种各样的商品，有胭脂水粉、布匹绸缎、日用杂货等，但奇怪的是，无论他们在这里做什么买卖，最终都是以赔钱告终。唯一例外的，就是开饭馆的比较赚钱。后来，人们陆陆续续来这里开饭馆，就逐渐形成了一条美食街。

可过了一段时间，大伙儿又发现，这里白天的生意不好做。其实白天进城出城的人很多，但是白天的客人却少。只有到了晚上，客人才陆陆续续上门。于是，这里就出现了一个奇怪的现象：几乎所有的店铺，白天都是门可罗雀，晚上却灯火通明、人来人往，热闹非凡。

有一天晚上，都快过凌晨了，有家饭馆里的客人依然不减，大伙儿边吃边聊，这时门口突然走来一个穿着前清官服的人，长得仪表堂堂。

城门与胡同

· 101 ·

这人只点了一些小菜，但却喝了不少酒，而且丝毫没有醉酒的样子。吃好喝好后，此人往桌上放了一块银子，就起身走了。

店主一看急了，这个怎么能花出去呢，于是就要出去追，不过被一位老人拦住了。老人说："别追了，他给你这个，你也不亏。这东西若是真银子，你岂不是得了个宝？"可店主说："谁知道他是干什么的啊，万一是假银子呢？他喝了那么多的酒，我不就赔钱了吗？"老人哈哈大笑道："你要是追他，你就是找死，这人是谁你知道吗？"店主说："管他是谁，我也不能做赔本买卖。"于是，店主不顾一切地追上去要钱了，结果钱没要回来，人也丢了。

因此，人们都说，只要是晚上来的客人，不管他给什么，是真金白银也好，还是别的什么东西，只管收下。别的就不要多问了，更不要追出去，免得丢了性命。事情传开后，这条街就被理所当然地称为"鬼街"了。

后来，人们觉得这个名字不雅，就更名为"簋街"。"簋"是古代的一种食器，与"鬼"字同音，而且与吃喝也有关系，所以"鬼街"就摇身一变成为北京城夜里最喧哗热闹的簋街了。


# 菜市口以前是法场吗


在北京城古老的传说中，有着许多不可思议的传说，除了簋街传说，菜市口的传说也是很离奇的。虽然这些传说都带有迷信色彩，但是人们还是愿意这样解释，也许这样才更能勾勒出北京风貌中那神秘的姿态。

菜市口在明朝时是京城里最大的蔬菜交易市场，当时许多菜贩在这里摆摊，城里各处的人都到这里来买菜，菜市口因此得名。但是，让菜市口声名远扬的其实是这里曾经的刑场。每年冬至前，那些被判"秋后

问斩"的囚犯都会被押到这里——问斩。据说,在菜市口被问斩的第一人是南宋的丞相文天祥,后来的"戊戌六君子"谭嗣同也是死于这里。

因为这里是法场,所以历来关于奇异的事情很多,而且说的人多了,也就越来越显得神奇了。据说,菜市口附近有家裁缝铺,掌柜手艺出色,生意十分红火。一天晚上,老掌柜感觉有睡意,昏昏沉沉间就睡着了。后来,老掌柜感觉有人进屋了,声音很轻,他以为是来贼了,刚想起身,又觉得没有必要,家里根本没有什么值钱的东西,所以就继续睡了。

第二天,掌柜检查了一下,并没有丢什么值钱的东西,后来才发现他做活儿用的针线笸箩不见了。这时,他听见外面乱哄哄的,老掌柜出门一看,法场上聚集了一群人。老掌柜挤上前一看,打了一个冷战,昨天被砍头的人,头和身子又被缝上了。被斩首的人的脖子上还能看到针线的迹象,而身体旁边放着的正是老掌柜家的针线笸箩。

后来,菜市口一带的商店都开始小心起来。传说菜市口附近的有家药店,每次菜市口行刑后,后半夜都有人来敲门买刀伤药。

# 珠市口其实是"猪市口"吗

珠市口位于前门大街商业街南端,北京城中轴线上。明朝时,这里为北京正阳门外著名的买卖生猪的交易市场,因此称为猪市口。

猪市口,别看这名字不雅,但在乾陵年间这条街上却住着一位大人物,那就是大学士纪晓岚。

有一年,乾隆帝和他打趣对对子。皇帝指着桌子上的两盘豆子,出了句"两碟豆",然后让纪晓岚对下句。这难不倒他,他不假思索地对"一瓯油"。乾隆帝随即改口说:"我说的可是'两蝶斗',两只蝴蝶在一起争斗。"纪晓岚吸了一口烟,机敏地回答道:"我对的是'一鸥游',

一只鸥鸟在水中游。"乾隆帝见难不住他，于是便又出难题，跷起脚来，示意要纪晓岚以他的脚为题，说出一个字，其中这个字既要符合他的身份，又不能露出"脚丫子"等字眼。纪晓岚马上想到自己住的猪市口地名，猪的脚称"蹄"，"蹄"由"足"和"帝"组成，这不正是皇帝的脚吗？于是，他便答道这个字是"蹄"。乾隆帝一听可就不高兴了，纪晓岚据此一解释，乾隆帝也就不好说什么了。

到清朝中后期，其他商业街日渐繁荣，猪市口生意逐渐冷淡，后来消失了。为了雅化这儿的地名，故把猪市口改为谐音珠市口。所以这里虽然叫珠市口，但从来没有卖过珠宝，也压根与珠宝没有关系。

## 南礼士路原来是卖驴的地方

南礼士路是地铁一号线上的一站，这个名字听起来十分文雅，但其实这并不是它最初的名字。这里原来叫驴市路，因为这里原是卖驴的地方。

新中国成立之前，阜成门附近曾设有驴市。那时候，交通不方便，来往京西门头沟等地，骑驴是一种比较方便经济的方式。驴市上的驴贩子就守候在城门西侧，见有顾客走来，就主动搭话，经过一番讨价还价之后，雇主交易完租金后就可以骑驴赶路了。因此这里每天都是人来人往，十分热闹。

驴市南面不远处是著名的白云观，每年春节都要举行庙会。于是，骑驴逛白云观也是很受欢迎的活动。一到庙会期间，阜成门的驴市生意特别红火，尤其是初一和十五两天，驴市上的毛驴可谓是供不应求。另外，在复兴门一带也有好几处驴市，时间长了，从西直门到阜成门再到复兴门，这一条南北绵延数里的小街便被人们称为驴市路。

新中国成立之后，随着城市交通的飞速发展，公交车越来越多，于是驴市就逐渐消失了。没有驴市了，驴市路也就名不副实了，最主要的是不雅，于是在调整地名时，驴市路就照谐音更名为礼士路了，取自"礼贤下士"一词。后来，该路又分为南北两段，南段称南礼士路，北段称北礼士路。

# "望京"这个称谓缘何而起

北京朝阳区有一片叫作望京的社区。中韩建交之初，大批韩国人来京后居住在这里，渐渐地这里吸引了越来越多的韩国人，成为北京最大的韩国人聚集地。

其实，望京之名由来已久，一说是因望京墩而得。明景泰元年（1450年），当时是战乱年代，北方瓦剌不断侵犯中原，战事频繁。兵部尚书于谦为了加强京城守卫，奏请皇帝之后，在京城的周边地区修建了许多瞭望敌情的墩台，并安排重兵把守。其中，在京城的东北处建造了一个据说在天气晴好时站在上面能够望见东直门的城楼，称为望京墩。

明朝灭亡后，望京墩逐渐荒废。不过望京墩附近的小村子却逐渐扩大，后来分为南北两个村子，北面稍大的村子叫大望京，南面稍小的叫小望京。就这样，望京这个名字一直沿用到了今天。

还有一种说法是，望京这个地名其实是乾隆帝所赐。据说，乾隆帝有一次去避暑山庄时正好经过此地，当时天气闷热，他便下轿走到路边一个高坡处的茶摊上喝茶。当他站在高坡上向西南方瞭望时，隐约看到了一个城楼，便问随行的太监那是什么城楼。太监看了一看说是东直门的城楼。乾隆听到后十分高兴，想不到此地离京城这么远还能看到，可见京城城楼之高大，一高兴便赐此地为望京，从此附近的一带地区就被称为望京。

# 北京古刹名寺传说

北京有着三千年的建城史和八百多年的建都史，由于历史久远，散落着许多古刹名寺，其数量位居全国之首。在皇权的统治下，这些名刹古寺有些是为了顺应当时的政治需求而修建的，有些则是皇族的象征。它们在弘扬佛法的同时，记录并孕育了许许多多香火缭绕的传说故事。

## 分钟寺真的有钟神吗

北京丰台区东部，有一座寺院叫分钟寺，历史上它也被称为粉妆寺。因为清朝皇帝们狩猎时，总会带上一些后宫妃嫔，而这里就是给妃嫔们休息、梳洗打扮的歇脚之地。

不过，粉妆寺最初不是用来为妃嫔们打扮用的，它的正统名字叫分钟寺。关于分钟寺这个名字的来历，有许多传说故事。

分钟寺只是一个小寺庙，既没有得道高僧，也没有什么古迹碑文，只有寺庙门口的钟算是一个稀罕物。这口钟锈迹斑驳，但是敲起来声音却十分洪亮。奇怪的是，同一时刻的钟声，不同的人听到的声音是有区别的。村里有个十分懒惰的年轻人，每当钟声响起来的时候，他听到的是"快起，快起"；而村里另一个勤快的壮汉，他听到的钟声却仿佛是"别忙，别忙"；村里贪得无厌的财主，他听到的钟声像在说"放开，放开"；而一位乐于助人的老爷子，他听到的钟声是"福到，福到"。

同样的一口钟，同一个时刻的声音，为何不同的人听到的声音却都不相同呢？

据说在很久以前，一位老人来到这里，当地人见他十分可怜，便帮他安顿了下来，并请他打更，村里人给他工钱。这老人摸清村里人的性情脾气之后，打更时路过不同人家的门口时，敲打梆子的轻重急缓便不同。他知道李家的人勤劳能干，在路过李家院时便轻轻地敲，意思是告诉他们天还未亮，可以多睡会儿。他知道郭家的小子懒惰成性，天天赖床，走到他家门口时，便使劲地敲，意思是叫他赶紧起来干活儿。

过了几年后，老人的身体状况越来越不好，没有那么多力气走路了。村里人为了感谢老人为村里多年的贡献，轮流照顾他。或许因为他不想拖累大家，没过多久老人便去世了。

老人去世后，村里人开始发愁，讨论以后该由谁来为村里人打更。

正在大家争论不休时，突然听到一阵洪亮的钟声。村里人感到十

分钟寺

城门与胡同

分奇怪，便循着钟声找过去，看到一口钟立在村口，这口钟是从哪里来的，无人可知。

而且这口钟也很是奇怪，它响起来的声音对于不同的人来听区别很大。村里的人纷纷猜测说此钟一定是老人变成的，他是不放心村里人才会这样的。于是，村里人集资修建了一座寺庙，取名为分钟寺，将老人安葬在那里。

如今，这座小寺庙已经消失了，不过分钟寺这个名字却保留了下来，使钟神的美丽传说得以流传。

## 红螺寺曾有仙女下凡

红螺寺的两个仙女

红螺寺，位于北京市怀柔区北五公里的红螺山南麓，修建于东晋咸康四年（338年），原名大明寺，是金、元、清三代佛教圣地。红螺寺还有一个美丽的神话传说。

相传，玉皇大帝的两个女儿结伴下凡、云游人间美景时，来到一座大山前，见这里山清水秀，古木参天，万绿丛中掩映着一座青砖灰瓦、古色古香的寺院。两位仙女久居天宫，正好也有些腻味了，她们萌生了在此居住一段时间的念头。

白天，她们就幻化作人身，与寺中僧人一道礼佛诵经；夜晚，她们就变成一对斗大的红螺，愉快地生活在寺前的放生池中，她们放出的万道红光，将寺院和山麓笼罩在一片红霞祥云之中。

自从寺里有了两个仙女在暗中施展法力，百姓们的生活便越加美好。后来，两个仙女留恋人间终被玉皇大帝知晓，不得不返回天宫。当地人们为了感谢这两位红螺仙女的功德，同时祈盼红螺仙女能重返这里，便把寺院北倚的大山称为红螺山，寺庙称之为红螺寺。

## 乾隆帝曾于香界寺梦会香妃吗

香界寺，是八大处中面积最大的一座寺院。乾隆十三年（1748年），重新修缮，并改名为香界寺，意为香林法界。乾隆帝一生敕建的寺庙中，带行宫的很少，而香界寺便是其中一个。香界寺还有一段关于乾隆帝与香妃的美丽传说。

相传，一年盛夏，乾隆帝来到香界寺避暑，寺中的海岫禅师前去行宫接驾。此时，海岫禅师觉察到圣上龙颜消瘦，且面带愁容，心想皇上

香界寺

城门与胡同

最近一定是遇到什么烦心事了。于是，他便寻机向乾隆帝的贴身太监探询。一问才知，乾隆帝自和卓氏香妃死后，十分悲伤，昼思暮念，相思成疾。

海岫禅师听罢，沉思了片刻，随后来到行宫拜见皇上："皇上心事，贫僧亦略知一二，不知皇上可否愿意让香妃娘娘之魂与您相见？"乾隆帝闻之大悦，连忙称道："大师，快快有请。"只见海岫禅师命徒弟抬来一面高丈余的宝镜，置于大殿正中，又亲自从藏经楼中取来还魂真经。然后，他对乾隆帝轻轻耳语："圣上，待到子时沐浴后静坐远观，千万不可近前。待香妃娘娘诉说心愿后，圣上可再起身相送。"

一切准备好后，海岫禅师点灯焚香，盘膝而坐，闭目诵经。

深夜子时，乾隆帝进入梦乡。

梦里，他听到了香妃生前最爱听的音乐。突然，宝镜中射出一道光芒，只见一女子飘然而下，正是香妃！"皇上驾临，奴家万感荣幸，只有一事相求……"乾隆帝一看是香妃，激动万分，一时竟忘了禅师嘱咐的话急奔过去拉着香妃的手说："朕十分想念爱妃！"

只听见一声巨响，宝镜碎裂。突然，香妃消失了，大殿之内只剩下音乐在飘荡，隐隐约约还听到："悠悠情，依依息。歌短促，明月缺。念君恩，思乡切。一缕香魂两相携。香魂西飞回故土，不忘君恩浴西番。"

乾隆帝从梦中惊醒，只见宝镜碎成了粉，他想起香妃说的话，顿时领悟。原来，香妃娘娘一直都在期盼自己能够回到阔别已久的故乡。回宫后，乾隆帝立即命人护送香妃的遗体回故里，厚葬在喀什。另又御赐重金修缮香界宝寺。

如今，香界寺院中分左中右三路。左路为行宫院，正是乾隆帝当年的避暑行宫。

# 龙泉庵内为何供奉关公的神像

　　龙泉庵是清道光年间由两座寺院合并而成的。龙泉庵内的文昌阁宫殿中供奉着关公坐像，长须飘飘，面如重枣，眼眉间透露出雄赳赳的英气，只见他身穿圆领宽大之深绿袍，胸挂一盔甲，腹膝着龙云纹，左右两侧侍立着关平、周仓，豪气奔放，威风凛凛。来这里的人多数心中都会产生同样的疑问，为何关公坐像会在龙泉庵里出现？

　　关羽，字云长，本字长生，河东解州人士，是三国时期颇有传奇色彩的历史人物，是蜀汉开国皇帝刘备座下的一员大将。此人集孝忠义勇于一身，在北攻曹魏时不幸遇害。为了纪念和表达崇敬之情，民间就把关羽奉之为神，尊称其为"关公"。那为何关公会与寺庙产生关联呢？原来这其中有着这么一段佳话。

　　据说，在隋朝时期，有一位名叫智凯的佛法大师想创建具有一定规模的弘法道场，经圣人指引，于是便前往灵地玉泉山进行参禅考察。某天，大师正在打坐闭关之时，忽闻有人直呼他的名讳，便睁眼想询问是谁。只见关羽、关平威仪如王地站在法师面前，自称想坐山为王，听说智凯大师想在玉泉山上建立庙宇，便前来助他一臂之力。法师甚是困惑。七天后，智凯大师出定，只见一座宏伟壮观的佛寺坐落在山顶之上，其"湫潭千丈，化为平址；栋宇焕丽，巧夺人目"。见此状，大师率领众多弟子前去入住，并为关羽等人授了戒。此后，大师便将在此前的所见所闻相告于弟子，弟子就把那些情景记录下来："神之威德，昭布千里。远近瞻祷，莫不肃敬。"智凯大师也将此事向晋王禀报，晋王认为这是件奇事，并为关公赐予美名"关圣帝君"，而关公也就成了那座寺庙的伽蓝神，成了佛教的护法神。

　　因此，我们在龙泉庵里看到关公也就不足为奇了。

城门与胡同

· 111 ·

# 白云观为何成为道家圣地

白云观始建于唐代，因唐朝推崇道教，所以在北京城西兴建了道观。最初名为天长观，到了金朝时更名为太极宫，元代时又称为长春宫，明初时改为白云观。

白云观算得上是天下最有名的道观之一。它之所以声名显赫，主要是与道教著名人物丘处机有着密切的关系。元朝时，丘处机曾向成吉思汗传道讲义，劝他少杀戮、修正德，深得成吉思汗赏识。当时，丘处机就住在白云观里，因此白云观便成为道家弟子心目中的圣地。

丘处机，山东人，十九岁出家，拜全真派创始人王重阳为师。王重阳死后，他在陕西磻溪山潜心修行了六年，后来又到陇州龙门山继

白云观

续修行，并因此成了全真龙门派创始人，之后返回祖籍地山东传道。当时，丘处机在道教名声很大，甚至惊动了朝廷。之后，金王朝与南宋陷入激战，北方蒙古也开始扩张，几方政治势力为扩大影响力，纷纷拉拢丘处机。

山东当时属于金朝管辖之地，丘处机本来是金朝的子民，不过因为山东的官员一度投向了南宋，所以山东在一段时期内也属于南宋。因此，金朝、南宋朝廷都派人请过丘处机，然而丘处机借故都没有答应。后来，成吉思汗再次邀请，弟子尹志平劝说道："当下正是传道渡人的时候！"丘处机叹道："看来这是天意啊！"于是就带了十八名弟子远赴西域，历经千辛万苦，耗时两年到达了成吉思汗的大营，并取得了元太祖的信任。成吉思汗赐予他金虎牌，并命他掌管天下道教。正是如此，白云观的未来发展才有了坚实的基础。

其实，丘处机决定去见成吉思汗时，也不知前程吉凶，因为他丝毫不了解成吉思汗的情况。他之所以选择去见成吉思汗，是因为他决心要凭借自己的力量去影响统治者的思想，借机劝成吉思汗减少杀戮，推行仁政。这证明他心中装着天下苍生，而不是只顾着自己修行得道做"神仙"。

丘处机回京后居住太极宫（今白云观），元太祖后来改太极宫为长春宫。丘处机羽化后被奉为全真教龙门派祖师，白云观也因此成了道教祖庭。

# 妙应寺白塔上的铁箍有何来历

到妙应寺游览过的人会发现，寺内的白塔被铁箍环绕，为何要给白塔套铁箍呢？

相传，妙应寺自元朝修建后，香火甚为旺盛，每天来此烧香拜佛的

人络绎不绝。但到了明朝，忽然有一天，随着隆隆作响，猛兽一般恐怖的怪叫声从地底下一阵阵传出来，整个北京城都开始地动山摇起来。北京城内发生了前所未有的地震，一座座房屋刹那间东倒西歪，全城百姓东窜西逃，其状惨不忍睹。

地震过后，人们发现妙应寺出现了几道巨大的裂缝，白塔也倾斜了下来，人们开始担心万一这白塔彻底坍塌下来，岂不是要把刚刚修建好的房屋再次夷为平地。生活在妙应寺周围的百姓，每日提心吊胆地生活着，有人建议搬出这个地方，可是刚刚经过地震，很多地方都还在重新修建中，有人建议让人去修，可是这么高又倾斜的白塔，谁敢冒着生命危险去修呢？

过了几日，来了一位锔艺师傅，人们纷纷从家里拿出在地震中被毁坏的水缸、花瓮、大瓦盆等物件，但这位师傅却说："我不锔这些东西，实在太小，我要锔大物件。"其中，有人说："你是不会锔吧？妙应寺内的白塔够大吧，有能耐你把白塔锔好。"这位师傅淡淡地笑了一下道："锔白塔可以啊，不过要等到明天了。"转身便走了，大伙都你一言我一

妙应寺

语地谈论着这位师傅能否铜好白塔。就这样过了一夜，等第二天人们醒来后，发现白塔真被铜好了，并且在白塔上套了很多铁箍加以固定。于是，人们开始说，昨天那位师傅是鲁班转世，专门为铜白塔而来。

## 妙应寺内的白塔是尼泊尔人建的吗

妙应寺白塔位于阜成门内大街路北的妙应寺内，因寺内有通体白色的塔，因此俗称"白塔寺"。白塔据载是元世祖忽必烈命尼泊尔人工艺人阿尼哥主持，耗时八年所建。这座白塔也是我国现存年代最早、规模最大的喇嘛塔。

元朝刚建立时，急需用一种信仰来使民心归服，由于元代一向信奉藏传佛教。于是，在1271年，元世祖忽必烈便敕令在大都修一座具象征意义的白塔，以实物的形式向世人昭示皇廷对佛教的重视，对民众具有强烈的暗示与感召效果，不失为一种"以佛笼心"的绝佳之策。

忽必烈为使所修建之寺符合自己的所想所愿，其在白塔修建者的选择上可谓煞费苦心：在全国广纳贤才。但找来找去，中原地区精于藏式佛塔建筑的人实难寻找，在为难之际，忽必烈的帝师八思巴便不失时机地向其引荐了尼泊尔人阿尼哥。

阿尼哥，尼泊尔人，身上有王室的高贵血统。据说他从小就聪明过人、博闻强记，在美术、建筑方面拥有过人的天赋，妙应寺内至今仍有其雕像。由于尼泊尔的北边即中国的西藏，加之中尼两国自晋代起就有交往，故在元朝时多有尼泊尔人来华。年仅十七岁的阿尼哥亦于1260年率领他的建筑团队来到了中国西藏。在西藏完成了一座佛塔的建造之后，便于1271年由八思巴推荐给了元世祖，来担当藏式佛塔的总建筑师。在妙应寺白塔建造期间，阿尼哥兢兢业业，倾其才华在

耗时将尽九年后，终在 1279 年完成了举世闻名的元大都白塔的建造工作。

建完后的白塔通身白色，总高约五十一米，完全按藏式佛塔模样修建，由塔基、塔身、塔刹三部分组成。远观塔体大致呈一个葫芦状，塔身亦如一个倒扣的钵盂，看后给人留下大气、华丽、不入流俗之感。白塔寺至今犹存，且已成为中华民族的宝贵文物，供历代人们瞻仰。不同的人从其中得到不同的收获，建筑家或得到设计之灵感，美学家或体会到美在建筑中的展现，普通人或可感受到历史的沧桑……其设计之精巧，建筑之牢固，尤其在今天看来，让很多人或惊叹、或羞愧。

忽必烈作为元朝的开国皇帝，结束了中国之前战争的局面，使中国的版图达到了史上最大；其在治国上也颇得方法，使疆域辽阔、各民族混杂的中国得到统一，结束了长年的战乱，人民得以休养生息，使经济得到发展。从长远来说，其通过实行制度来达到和平统一西藏的目的，这从现在来讲，都具重要意义。能做到这些，足见忽必烈的雄才大略。在选人、用人上十分苛刻的忽必烈难道就因为国师八思巴的推荐就轻易任用了阿尼哥吗？相传，这里面还有一个小插曲。

妙应寺内的白塔

当阿尼哥通过八思巴的引荐来到元大都面见忽必烈后，忽必烈见其年轻，恐难当建塔之重任，便有心要考验他一下。于是就一脸严肃地问道："你为什么到我大都来？"只见阿尼哥不卑不亢地回答道："我看到陛下的子民饱受战乱之苦，特来陛下身边求陛下拯救他们。"忽必烈听后大喜，但仍不露声色地问他有何过人之处，阿尼哥也都一一如实作了回答。最后，忽必烈还以一尊业已损坏的铜人像对他进行了实际的考察（这尊铜人像在此之前国内无人敢领命修补，可见其复原的难度）。阿尼哥欣然领命后，以其精湛的工艺，终将其修补完成，修完后的铜人像令众匠折服，亦得到了忽必烈的认可。从此，忽必烈便将国家建寺造塔、铸造雕刻的工事委托于他，对国家具重要意义的元大都白塔寺的建造便在其中。

北京的白塔寺至今常有尼泊尔政要及民众来参观，这座白塔从某种程度上成为中尼人民友好往来的见证，也从侧面说明了阿尼哥为中尼友谊作出的巨大贡献。

## 雍和宫的旗杆为何会落泪

雍和宫是北京地区现存最大的藏传佛教寺院，在康熙年间为胤禛（后来的雍正帝）的府邸，雍正帝驾崩后，乾隆帝将其改为藏传佛教寺院。关于雍和宫的传说有很多，但是流传最广的是近代的一个故事。

雍和宫内，有四根清朝时立起的木制旗杆，其中有两根高三十米，另外两根高二十多米。较高的两根竖立在昭泰门内左右两旁，较低的两根竖立在雍和宫大殿露台下的东西两侧。

从清朝时，它们就一直默默地立在雍和宫内，并不被人注意。然而在"七七事变"后，日本侵略者闯入北京城，这四根旗杆顿时成了众人关注的焦点。

一天傍晚，一名喇嘛经过雍和宫主殿露台下，他惊奇地发现旗杆正在滴水。而这个时候，另一名喇嘛也发现昭泰门前的旗杆也在滴水。很快，"旗杆会落泪"的消息传遍了整个雍和宫。大家都来到旗杆的下面，看到旗杆的铜帽处正在不停地往下滴水，而且整根旗杆与旗杆石座都被淋得湿漉漉的。

已经有很多天没有下雨了，为何这些旗杆会有水流下呢？有人说，这是菩萨在显灵，而更多的喇嘛认为这是因为日寇入侵，连旗杆也在为祖国的山河被践踏而哭泣。

一时间，雍和宫的旗杆因日寇侵略而哭泣的消息传遍了整个北京城。这一消息也点燃了人们对日寇的仇恨，复仇的情绪很快在北京城内蔓延。

一个喇嘛一直在做一个奇怪的梦，他在梦中看见雍和宫中的金刚、罗汉以及一切护法神都呈现怒容。他们手持各种法器，将入侵的敌寇全部制伏。

后来，雍和宫中的一名少年喇嘛脱下僧袍，走入了抗日救国的队伍中。雍和宫中的其他僧侣都很担心少年的安危，可又不知道去哪里找他，只是不停地在寺院内为他祈祷，希望他能平安归来。

一天晚上，几个喇嘛从大殿中走出，正要回房休息，突然看见一名少年站在昭泰门的旗杆下望着大家。有人认出他就是参加抗日队伍的小喇嘛，于是大家纷纷迎上去。可是，等大家走近后，却发现少年消失不见了。

几个喇嘛见此忧虑不安，不久后传来少年阵亡的消息。而这一天，雍和宫旗杆滴的水很多，喇嘛们都觉得旗杆也在为少年的早逝而难过。

如今，雍和宫的旗杆已经不再流泪了。据说它们在抗日战争胜利的当天晚上就不再滴水了。也有人说雍和宫的旗杆根本就不会"流泪"，滴水的事情是人为的。一定是有人爬上旗杆，用水灌满了铜帽，这水便顺着铜帽的缝隙流了下来，从而制造出旗杆流泪的现象。

可是，谁会爬上旗杆灌水呢？大家猜来猜去也没得出个结论。不过那位参加抗战而牺牲的少年，据说生前是个攀爬的能手。

# 广济寺求姻缘最灵验吗

广济寺是闻名遐迩的寺院，它坐落于北京西城区阜成门内大街，始建于宋朝末年。每天到广济寺的游客络绎不绝，他们几乎都是为一个目的而来，就是求姻缘、求桃花。因为这里是传说中求姻缘最灵验的地方。人们求姻缘主要是奔着寺内圆通殿里的观音娘娘来的。

相传，在宋朝末年，这一带住着一个体弱多病的老大娘。她与女儿相依为命，生活过得十分艰难，但是女儿十分乖巧能干，颇受乡亲们喜爱。女儿出落得俏丽动人，很快就到了谈婚论嫁的年纪。可老大娘不由得忧心起来，如果女儿嫁出去了，自己就要孤独终老。可她又不想因为自己而耽误女儿的幸福。想来想去，这老大娘觉得自己是个累赘，于是就在一天夜里离家出走了。

天亮后，女儿发现母亲不见了，赶紧请邻居帮忙一起找。然而不幸的是，老大娘已经在村口的大槐树上自缢了。女儿抱着母亲的尸体痛哭流涕，并说愿意用自己的性命来换取母亲的性命。那天，刚好观音菩萨路过这里，听见了这凄楚的哭声，心里十分感动。她知道这姑娘是个善良的好人，便救活了老大娘，并说姑娘一定能找到一个好人家。

不久后，果然有一户大人家来提亲。他们知道这家的女儿外貌出众，品德高尚，于是立即下了聘礼，并将老大娘一同接到了家里，让她安享晚年。在这家女儿出嫁之后，人们便在这里盖起了寺庙，供奉观音神像。这家的女儿也经常来烧香礼佛，祈求一家能幸福快乐。之后，那些求姻缘的人也都来这里烧香。而且来这里祈求过的人，婚姻

还都不错。

自古以来，在广济寺虔诚发愿而求得好姻缘的大有人在。人们都说，广济寺的观音娘娘能看透人心，心好，婚姻、家庭自然就好。

# 顺治帝在法源寺染上了天花吗

北京宣武门外教子胡同坐落着一座历史悠久的古刹。这里是中国佛学院的所在地，它就是法源寺。法源寺始建于唐代贞观十九年，是李世民为超度在战争中阵亡的将士而建造的，因此当时名为悯忠寺。明正统二年时，经过重修后更名为崇福寺。在雍正年间再度重修后才更名为法源寺。

与法源寺有关的传说不少，据说历史上谜一样的顺治帝也与法源寺有很大关系。

清朝定都北京后，顺治帝任用了几个明朝遗留的老太监，其中有一个叫吴良辅的。因为他办事可靠，又会讨人欢心，所以很受顺治帝宠信。顺治十七年，顺治帝深爱的爱妃董鄂氏病死。顺治帝在极度悲痛之中剃掉了头发，说要出家当和尚，最终被众人劝说未成。

出家不成，顺治帝只好派个可靠的人作为自己的替身出家。思来想去，顺治帝觉得还是吴良辅最可靠，于是吴良辅就作为顺治帝的替身被送到了法源寺为僧。

第二年，顺治帝因为过于思念董鄂妃，便亲自到了法源寺，参加了吴良辅为追悼董鄂妃而做的法事。不料，顺治帝从法源寺回宫不久，便卧床不起一命呜呼了，据说是天花病发作而死。而此时在法源寺念经的吴良辅则被认为是罪魁祸首，因而丢了性命。

法源寺内还有一块无字碑，说起无字碑大家都会想到乾陵武则天所立的无字碑。据说，法源寺的这块无字碑也是武则天派人立的。不过，

· 120 ·

探秘北京
2
皇城根儿下的传奇往事

法源寺的这块无字碑最初是有字的，但是石碑上的字刚刻完没几天就消失了。工匠因为担心被降罪，所以又重新刻上了字迹。可过了几天后，碑文又消失了，后来有人将此事上奏给了武则天。武则天听后大笑，她说在佛教看来，一切功名利禄只不过是过眼云烟，既然一切皆空，就随它去吧。

如今，法源寺每天都会接待大量的信徒、游客。寺中的布袋和尚铜像、十八罗汉贴金坐像以及各类佛教物品，都是十分宝贵的佛教文物。通过它们，人们可以对北京的传统文化有更深刻的认识。

法源寺

# 京城生活

# 北京老字号传说

北京有许多老字号商店，它们经历了几百年的风雨磨难，是行业竞争中的优胜者，也是先前时代的幸存者。它们不仅仅是商业代表者，更重要的是历史传统文化的象征。比如，全聚德的烤鸭、东来顺的涮羊肉，都已经成为北京的象征。而且，这些百年老店都经历了各自艰苦奋斗的发家史，从它们留下的故事中，我们可以更好地体会到旧时老百姓们的生活意趣。

## 全聚德的"德"字为何少一横

在北京，最有名的饭店当然要数全聚德了。因为全聚德的北京烤鸭象征着传统的中国美食。

全聚德成立于 1864 年，创始人是杨全仁。杨全仁是河北冀县杨家寨人，刚到北京时每天在前门外的肉市上卖生鸡鸭。杨全仁对卖鸭子的门道摸得十分清楚，生意越做越红火。再加上他平日里省吃俭用，积攒的钱越来越多。

他每天到肉市摆摊都要经过一家叫"德聚全"的干果铺。这家铺子虽然招牌很引人，但是生意却一天不如一天。最后，生意竟然一蹶不振，濒临倒闭。精明的杨全仁抓住这个机会，用多年的积蓄买下了"德聚全"店铺。

成为店铺的主人后，杨全仁便请来了一位老先生来重立招牌。老先生观察了店铺之后，赞道："这里真是一块宝地啊！店铺两旁的小胡同，笔直得就像两根轿杆，将来这里盖起一座楼房，就如同一顶八抬大轿，前途不可限量！"老先生略思考了一下，又说："不过以前的店铺霉运难除，除非将其'德聚全'的名字倒过来用，即'全聚德'，这样才能冲其霉运，踏上吉途。"

　　听了老先生这一席话，杨全仁笑得合不拢嘴。"全聚德"这个名字正合他意。一来这个名字有个"全"字，与自己的名字相连；二来"聚德"就是集聚德行，可以标榜自己做生意讲求德义。于是，他就将店名定为"全聚德"。

　　接着他又请来一位书法颇有成就的秀才钱子龙写了"全聚德"三个大字，制成金字匾额挂在店铺门楣之上。这三个字写得苍劲有力，十分醒目，为店铺增色不少。而且这匾额一挂就是一百多年。可是，现在不少人都发现全聚德的匾额上，"德"字少了一横。这是什么原因呢？

全聚德

　　有人说，当时杨全仁请钱子龙来后，两人开怀畅饮。等杨全仁拿出笔墨纸砚来，钱秀才已经喝多了，精神有点恍惚，一不留神，"德"字就少写了一横。

　　还有人说，杨全仁当时一共雇了十三个伙计，加上自己总共十四个人。为了让大伙儿安心干活，同心协力，所以故意让钱秀才少写一横，表示大伙儿心上不能横一把刀。

　　这些当然都只是猜测，真正的原因到底是什么呢？其实"德"字在古代可以有一横，也可以没有横。这一点从唐宋元明清各朝书法家的墨迹中可以印证。比如，现在北京国子监孔庙清康熙帝御书的《大学碑》中的"德"字就没有那一横；再比如与杨全仁同一时期的清代画家郑板桥书写的"德"字，有的有一横，有的没一横。

　　另外，从中国古钱币上也可以来印证"德"字。比如，北宋真宗年间铸造的"景德通宝"中的"德"字就没有横；明宣宗年间铸造的"宣德通宝"中的"德"字也没有横。从以上分析得出，在古代，"德"有两种写法，可以带横，也可以不带横。而全聚德店为了保持其历史原貌，所以牌匾上的"德"字一直是少一横。

　　全聚德在杨全仁的精心经营下，生意格外红火。杨全仁十分精通生意之道，他知道要想生意兴隆，就得有好厨师、好伙计。他时常到其他烤鸭铺子去逛，偷偷取经，并到处寻访烤鸭的高手。当他得知专为宫廷做烤鸭的金华馆有一位孙师傅，烤鸭技术十分高超，就想方设法与其交朋友，经常一起饮酒下棋。两人关系越来越密切。最终，孙师傅被杨全仁重金聘到了全聚德。

　　全聚德请来了孙师傅，等于掌握了清宫烤鸭的全部技术。孙师傅烤的鸭子外形美观、皮脆肉嫩、肥而不腻，为全聚德烤鸭赢得了"京师美馔，莫妙于鸭"的美誉。

# 同仁堂药店源于康熙看病

同仁堂，全国中药行业著名的老字号，国内最负盛名的老药铺，创建于清康熙八年（1669年），自1723年开始供奉御药，历经八位皇帝，达一百八十八年。

同仁堂经过了三百多年的历史沧桑，它见证了清王朝的兴衰，经历过外敌入侵和军阀混战。随着历史的变迁，企业本身的性质也随之发生了变化。但同仁堂经历数代而不衰，在海内外信誉卓著，树起了一块金字招牌，可以说是药业史上的一个奇迹。那么，同仁堂有什么来历呢？

据说，清代时，康熙得了一种奇怪的病。宫中的御医什么法子、什么名贵药材都试过了，就是治不好。康熙一怒之下就停止了医治。

一天，康熙微服夜游，来到京城的一条小街上，发现了一家小药铺。当时夜已很深，可是小药铺却灯火通明，里面还传来读书声。康熙想，宫中的御医也不见得有什么真本事，真正的人才也许在民间。于是，他决定到小药铺去看看。

康熙进屋后，看见一个约莫四十岁的人在灯下看书，猜想这一定是药铺的郎中了。郎中见有人来访，赶紧起身问："不知阁下深夜来访有何事？"康熙忙道："深夜登门，多有打扰。只因我得一怪病，浑身发痒，遍体起红疹子，不知是何病情。看了很多医生，也无计可施。先生能不能帮我看看？"郎中说："好，请您脱去上衣！"康熙脱掉上衣，郎中看了一眼便说："不必担心，这不是什么大病。只是你平时山珍海味吃多了，再加上长期吃人参，火气过旺，所以身上起了红点子，浑身发痒。"康熙问："这个病能根治吗？"郎中说："这个容易，用一些药便好。"说完，郎中就取下架子上的一个罐子，铺开一个包袱，将罐子中

的药全部倒了出来，有七八斤重。康熙有点疑惑，问："先生，这么多药，我一次要吃多少啊？"郎中笑道："这是大黄，不是让你吃的。你拿回去用这些煮水百斤，放入缸中，等水温适合后，跳入沐浴，至多五次即可痊愈。"康熙想：宫中那么多御医，用了那么多灵丹妙药都没有用，这些不值钱的大黄就能治好我的病？郎中见康熙半信半疑，笑着说："阁下您放心，我不会骗您钱财的，这些药您先拿回去用，病好了再付钱。"康熙说："那好，如果能医好我的病，定有重谢！"

康熙回到宫中后便按照郎中的吩咐去沐浴。果然，他跳入药缸中后，顿时觉得全身清爽，连洗三天后，身上的红点子全部消失了。

第四天，康熙微服来到小药铺，要重金答谢郎中。郎中说："那天我见您不信，所以才说病治不好分文不收。现在病好了，我仍旧分文不收。我看您气质不凡，只是想与您交个朋友罢了。请问阁下尊名？"康熙哈哈大笑道："在下姓黄，字天星，一介书生。"郎中高兴地说："彼此彼此，我叫赵桂堂，也是一穷书生。父亲要我立志考取功名，可谁知屡考不中。只好在京城开个小药铺，一边行医，一边攻读，希望有朝一日能鱼跃龙门。"康熙说："赵兄，常言道：榜上无名，脚下有路。以你高超的医术，完全有能力进宫当御医，岂不是鱼跃龙门了吗？"赵桂堂听后笑着说："黄兄，您错了。我认为，行医者应该为全天下百姓着想。进宫当御医，虽可享荣华富贵，但是却不能为老百姓治病，非我所想！"康熙听后不禁心生敬意，说："赵兄的德才令我佩服。恕我直言，既然你屡考不中，为何不安心在医道上施展抱负？"赵桂堂说："我也想啊！只是开医馆并非易事。我没有足够的本钱，空有一腔热血，也难以发展啊！黄兄以后若发了大财，一定要资助我建一座大药堂啊！"康熙一激动就说："若要建大药堂，叫什么名字好呢？同仁堂！如何？"赵桂堂见他认真了，笑着说："黄兄，刚才我只不过是开玩笑，莫当真！再说，建大药堂需要一大笔钱。这都是天边的事儿，远着呢！"康熙从桌上拿起笔来，写了一张纸条，然后说："赵兄，明天拿着这个到内务府上走一趟，那里有我一个朋友，说不定能帮上你呢！"说完就告辞而去。赵桂堂看着康熙离去的背影，心想："真是奇怪了！"

第二天，赵桂堂抱着好奇的心理，拿着字条找到内务府衙门，递上字条。很快，就出来一个太监，领着赵桂堂进了门。走到一间大屋子前，太监打开屋门，朝里一指说："赵先生，你看这些够不够？"赵桂堂探头一看，天啊，里面一大堆白花花的银子。太监说："万岁爷有旨，你给他看好了病，分文不收，他要送你一座同仁堂。"赵桂堂这才恍然大悟：原来黄兄竟然是当今皇上，怎么自己一点也没有觉察出来呢？

没过几天，一座大药铺在京城拔地而起，取名为"同仁堂"。同仁堂开业典礼之时，赵桂堂没想到康熙竟然亲自来祝贺，弄得赵桂堂惊慌失措，不知如何是好。康熙笑着说："赵兄，你的药钱我可还上了，下次看病，你仍要分文不收呀！"从此以后，同仁堂大药房便闻名京城了！

# 吴裕泰茶庄原为"吴裕泰茶栈"

吴裕泰茶庄是京城著名的中华老字号，创建于清光绪十三年（1887年），原名"吴裕泰茶栈"，已有近一百四十年的历史。听到吴裕泰茶庄这个名字，大家很容易以为茶庄是以创始人名字来命名的，其实并不是这样。"吴裕泰"只是茶馆的名字，创建人叫吴锡卿。

据说，吴裕泰最早的牌匾"吴裕泰茶栈"是吴锡卿用五块银圆请清末老秀才祝春年写的。因祝老秀才书法不俗，"吴裕泰茶栈"这几个字写得相当漂亮，所以这块匾从此也就挂了上去。创建吴裕泰茶栈之前，吴家就是京城有名的富商，而且在北京已经开了多家茶庄，买卖兴隆。因茶叶的需求量大增，为了集中进储茶叶，"吴裕泰茶栈"便应运而生。

吴裕泰茶庄以"三自"方针为经营特色，即茉莉花茶"自采、自

京城生活

窨、自拼"，其茉莉花茶因"香气鲜灵持久，滋味醇厚回甘，汤色清澈明亮，耐泡"而被亲切地称为"裕泰香"。

# 内联升为何有"爷不爷，先看鞋"之说

北京人出门在外，脚上没好鞋那可不成。脚上有劲儿，那脸面上才有光。老北京人都去哪儿买鞋呢？内联升啊！早些年，穿内联升的鞋是一种炫耀，是一种身份象征。内联升创办于清咸丰三年（1853年），是"中华十大老字号"之一，已经有一百七十多年的历史。

清时，朝廷文武大员穿的都是内联升做的鞋，就连皇帝登基都穿内联升做的鞋。北京有句老话说："爷不爷，先看鞋。"也就是说，看穿的是不是内联升的鞋。那么，内联升为何会成为百年老字号？它到底有什么独特之处呢？

这店名"内联升"三个字其中蕴含着很多的意思："内"指"大内宫廷"；"联升"意为穿了这里的靴子就可连升三级。起初是专为皇亲国戚、朝廷官员制作朝靴，内联升从选材到最后制作都十分讲究。它制作的每双鞋都会按照每个人不同的需求进行加工制作，直至顾客穿着随脚舒适为止。

内联升的创办者赵廷善擅长经营，日子一长，内联升积累了朝中显贵的靴鞋尺码，赵廷就将达官贵人的靴鞋尺寸、式样、特殊爱好等整理并登记在册，取名《履中备载》。清朝下级官员为讨好上司经常去内联升参照数据定做上司朝靴作为礼物，这样一来内联升生产的朝靴身价倍增，一双可卖白银几十两。宣统皇帝在太和殿登基时穿的龙靴，也是内联升做好后送到内务府的。

内联升手工制鞋工艺严格、独特，选料考究，做工精细，技艺高深，难度大，耗时长。学徒需要三年零一节才能出师，如今学习此项技艺的人已经越来越少。内联升手工制鞋工艺已被列入《国家级非物质文化遗产名录》。

# 六必居的名字有何来历

要说老北京最地道的面食是哪一种，那么肯定是驰名中外的老北京炸酱面了。老北京炸酱面之所以那么美味可口，与酱是密不可分的。而京城内产酱最好的，当然要数大名鼎鼎的六必居了。六必居是专门从事传统风味酱菜生产、经营的一家百年老店。

六必居是由山西赵家三兄弟在明朝中叶创建的。俗话说："开门七件事：柴、米、油、盐、酱、醋、茶。"这七件东西是居家生活所必不可少的。因为六必居不卖茶，只经营柴、米、油、盐、酱、醋这六种生活必需品，所以取名为六必居。尤其是六必居制造出来的酱菜，口味十分独特，在清朝还成为皇宫御膳用品，因此有"宫廷酱菜"的美誉。为送货进出宫方便，清廷还特赐六必居一顶红缨帽和一件黄马褂，这衣帽一直保存到 1966 年。

六必居的金字匾额据说是明朝宰相严嵩亲手写的，这块匾额可谓是"命运多舛"。在八国联军侵华时，六必居遭遇火灾，要不是六必居员工张夺标冒死从火海中抢出牌匾，这块金字招牌也就毁于一旦了。如今"六必居"这块匾额被完好地保存了下来，现已成为企业珍贵的无形资产。

北京老字号六必居

作为中华老字号的六必居，已经陪伴北京数个世纪之久。时至今日，这里依旧天天宾客盈门。而且它的产品销售网络遍布全国各地，产品甚至远销日本、澳大利亚、新加坡、泰国、加拿大、美国等众多国家和地区，是世界人民喜爱的品牌。

# 都一处是卖什么的

在前门大街路东鲜鱼口附近，有一家专卖烧麦的百年老店，名叫都一处。这家店始建于乾隆三年（1738 年），距今已有两百多年的历史。一个小小的烧麦店为何能经久不衰，成为北京的百年老店呢？都一处这个奇怪的名字又是怎么来的呢？

都一处原来是一家不起眼的小酒馆，是乾隆年间山西一个姓王的商人开的。因为每天开业早、闭门晚，方便顾客喝酒吃饭，所以生意很兴隆。乾隆十七年的大年三十晚上，乾隆微服私访回京经过前门。当时所有的店铺都关门了，只有王家店铺还在营业。乾隆一行三人进去用餐。王掌柜一见这三位客人，衣帽整洁，仪表不俗，又从衣着打扮、言行举止上推断出是一主二仆的身份。他凭着自己多年经营的经验，将这三位贵客请到楼上，将店中最经典的招牌菜一起端了上去，并亲自为客人斟酒，站在一旁伺候。

乾隆尝过菜、喝了酒，觉得店里服务周到，酒菜可口，就问酒店叫什么名。店主回答："小店没名。"这个时候，乾隆听到楼外鞭炮齐鸣，家家户户已在欢庆新春，心中不免感慨，说："这个时候，还开门营业的，也只有你们这一处了，就叫'都一处'吧！"王掌柜当时听完也没太在意。

过了几天，几个太监送来一块"都一处"的匾额，并对王掌柜说："这可是当今皇上御笔赏赐的，三十晚上来吃饭的客人就是皇上。"王掌柜听完立即跪下叩拜，将牌匾挂在了进门最显眼的地方。从此，酒馆的名字就叫都一处了。

都一处的名声传开后，来往的顾客差点将门槛都给踏破了。当时乾隆吃饭用的桌椅都成了珍宝。王掌柜还将乾隆坐过的椅子用黄绸子围起来，当"宝座"一样供起来。并将乾隆走过的从大门到楼上的一段路保护起来，终年不打扫。日积月累，来往客人带进的泥土越来越多，最后成了一道土埂，被称为"土龙"。

到了同治年间，店里又增添了烧麦，不仅皮薄馅大，而且味道极好。抗战时期，都一处虽然没有像其他店铺那样惨遭破坏，但经营状态一直不是很景气。直到新中国成立后，都一处才逐渐恢复了以往的风光。现在都一处主要经营各种烧麦、炸三角、马莲肉以及炒菜等。


# 东来顺的老字号是如何创立起来的


东来顺的涮羊肉自古就有"中华第一涮"的美誉，东来顺也是中华老字号。它始建于光绪二十九年（1903 年），名字的意思是"来自京东，一切顺利"。北京的涮羊肉很多，为什么只有东来顺会成为中华老字号呢？

东来顺的创始人丁德山是个回民，老家是河北沧县的。他刚到北京时，与两个弟弟靠给别人挖黄土为生，日子过得十分艰难。丁德山不认命，知道卖力气根本养不了家，在走街串巷时就瞄上了王府井。

1903 年，丁德山用借来的一辆手推车和一条大板凳、一张案板，来到刚刚开业的东安市场摆个小饭摊，卖羊肉杂面和荞麦面切糕，后来又增加了贴饼子与粥。生意渐渐好后，丁德山又在原摊位处盖了个棚子，并挂上了"东来顺粥摊"的招牌。

"东来顺"这个名字是丁德山费了很多心思取的。因为东安市场位

于东华门外，属于内城的东城，他又住在东直门外，再加上"旭日东升""紫气东来"的吉利之意，他认为顺利是立业的根源，所以想出了"东来顺"这个名字。

丁德山一心求顺，可惜偏偏生在一个不顺的时代。1912 年 2 月 29 日晚，曹锟的军队大抢大烧王府井和东安市场，丁德山的小粥棚灰飞烟灭。但他没有心灰意冷，到处求亲告友，最终在好友广兴木厂张掌柜的帮助下，在废墟之上又重盖了几间灰瓦房。东来顺经历了粥摊、粥棚，最后终于建成了清真饭馆。1914 年，新开张的东来顺增添了当时北京城时兴的"爆、烤、涮"羊肉，更名为"东来顺羊肉馆"。

东来顺涮羊肉最大的秘诀就在于羊肉。东来顺的羊肉只选用内蒙古地区锡林郭勒盟产羊区所产的、经过阉割的优质小尾绵羊的上脑、大三岔、小三岔、磨裆、黄瓜条这五个部位的肉。这五个部位的肉不但鲜嫩，而且涮完后吃起来很爽口。优质的羊肉挑出后，对羊肉的切法东来顺也很讲究：切出的肉片薄、匀、齐、美，且片片对折，纹理清晰。如薄纸、匀如晶、齐如线、美如花的羊肉片，投入海米口蘑汤中一涮即熟，吃起来又香又嫩，不膻不腻。

东来顺饭庄

除了羊肉质量好、加工精致，东来顺的佐料也有精细的讲究。这些佐料包括芝麻酱、绍酒、酱豆腐、腌韭菜花、卤虾油、酱油、辣椒油及葱花、香菜等。香、咸、辣、卤、糟、鲜等口味齐全，再加上自制的白皮糖蒜和芝麻烧饼，吃起来醇香味厚、口感独特。

此外，东来顺特制的紫铜火锅也是生意兴旺的原因之一：炉膛大、放炭多、开锅快、通风口合理、燃烧时间长，无烟、耐烧、火旺，使得涮出来的羊肉格外好吃。

# 张一元茶庄经历过怎样的兴衰

北京人对张一元这个老字号十分熟悉，都知道是卖茶的。但是，很少有人知道这个老字号的来历。

张一元的创始人叫张昌翼，字文卿，从小就与茶打交道。在光绪二十六年（1900年）他开设了一座名为"张玉元"的茶庄。"玉"在古汉语里有晶莹的意思，"元"在汉语里是第一的意思。后来，他又在前门外观音寺街路南开了第二家店，取名为"张一元"，寓意为"一元复始、万象更新"。而且，"张一元"比"张玉元"更好记。到了1912年，张文卿又在大栅栏开设"张一元文记茶庄"，"文"字表示是张文卿开的，三个茶庄以张一元文记为主。

张文卿本人十分善于经营。张一元茶庄的顾客可以先看茶叶小样再买茶叶，并且凡是买五斤以上都可以送货上门。张一元茶庄还是当时第一个用高音喇叭播放歌曲、戏剧等来招揽顾客的。

1925年，张文卿还亲自到福建开办茶场，选取最好的茉莉花，再根据北方人的口味就地窨制、拼配形成特色小叶花茶。张一元的花茶汤清、味浓、入口芳香、回味无穷，而且同等级的茶叶比别的字号茶庄卖得便宜，所以张一元茶庄声名远扬。但是，1947年茶庄失火，使张一

京城生活

元茶庄一蹶不振。1952 年，观音寺张一元茶庄和大栅栏的张一元文记茶庄合并后不断更新、改造、调整、增加茶叶品种，再度恢复了以往的辉煌。

# 稻香村来自江南

以前，北京人走亲戚，总喜欢拎个点心盒子，而稻香村的糕点是北京人的首选。那时候，人们只要听到"稻香村"这个名字，嘴里就会感到一丝香甜。

其实，稻香村原是江南地区食品店的招牌，光绪二十一年（1895 年），南京人郭玉生带着自己的伙计来到了京城，在前门外挂起"稻香村南货店"的招牌，使得皇城根下的人都能尝到江南香甜的点心。"稻香村南货店"因此成为北京城生产南味食品的第一家。关于"稻香村"一名的来历有很多种说法。最普遍的说法是源于宋代辛弃疾的"稻花香里说丰年，听取蛙声一片"。而且，曹雪芹的《红楼梦》中也有关于"稻香村"的描述。

当年，北京稻香村生产的冬瓜饼、姑苏椒盐饼等在北京都是独有的，这让总是吃"大馇馇"的北京人享受到了精致的南方美食。或许是因为这个名字起得太好，又或许他们做的糕点十分美味，这家店很快就生意兴隆了。

为了让"稻香村"的招

稻香村老照片

牌在北京更有名，郭玉生不惜重金从上海、南京请来了做点心的名师。而且，只要有时间，他都会亲自去察看油面间的油是不是放少了，制作过程是否有条不紊。郭玉生深知，食品本身就是最好的招牌，所以在糕点选料上，稻香村十分讲究来源，丝毫不含糊。比如，糕点中的核桃仁一定要用山西汾阳的；玫瑰花一定是京西妙峰山生长的；而火腿一定要来自浙江金华。由于稻香村对食品精益求精，很快在北京大街小巷传开，食客络绎不绝。上至文武百官，下至平民百姓都喜欢来稻香村买糕点。

然而，就在稻香村生意迈入巅峰时，稻香村门人汪荣清和朱有清另立门户，在稻香村对面开了一个几乎一模一样的南味糕点铺，并取名为桂香村。之后，南味糕点店铺在京城遍地开花。稻香村的生意因此受到了巨大的影响，再加上时局动荡，1926 年，稻香村被迫关张。

1984 年，在经历了漫长的沉寂之后，稻香村重新开张，百姓们闻讯蜂拥而至。就像从来没有消失过一样，稻香村一如既往地让人感到亲切。如今稻香村的糕点有上百个品种，每到传统节日，各个稻香村分店门口都会排起长长的队伍。

京城生活

# 北京美食传说

北京有许多美食，尤其是特色小吃品种繁多，风味独特，制作精细。而且这些美食多数历史悠久，蕴含着浓厚的京味儿，如豆汁、炒肝、炸酱面等。每一种美食其实就是一个故事，它们或多或少都记载了过去的一段历史，是前人留给后世的宝贵遗产。如今，北京的特色美食在著名的美食街、小吃街都能吃到，如王府井小吃街、护国寺小吃等。

## 北京烤鸭是从南京来的吗

北京烤鸭是北京著名特产，是明朝时的宫廷食品，以色泽鲜艳、肉质细嫩、肥而不腻的特色驰名中外。

相传，烤鸭之美源于优质品种北京鸭。北京鸭是世界上最优质的一种肉食鸭，它起源于一千年前，是辽、金、元代帝王游猎时捕获的纯白野鸭种，后为游猎而养，一直延续下来，才得此优良纯种，成为当今的名贵肉食鸭种。

那么，北京烤鸭的制法又有何来历呢？

明朝初年，老百姓们对南京板鸭情有独钟，明太祖朱元璋也爱吃，据说他"日食烤鸭一只"。于是，御膳房的厨子们就想方设法地研究烤鸭新的吃法来讨好皇帝，研制出了叉烧烤鸭与焖炉烤鸭。

据说，朱棣迁都北京后，也顺便带走了南京不少的烤鸭能手。到

北京全聚德烤鸭

了嘉靖年间，烤鸭就从宫廷里传到了民间。老"便宜坊"烤鸭店就是第一个在北京开业的烤鸭店，而当时的烤鸭名字则叫"金陵片皮鸭"。

　　1864年，京城最大名气的"全聚德"烤鸭店也挂牌开业，烤鸭技术此时已经发展到了"挂炉"时代。它是用果木明火烤制的，带有特殊的清香味道，从此"北京烤鸭"取代了"南京烤鸭"，而"金陵片皮鸭"只留在了港、澳、深圳等南方城市地区的菜单上。

## 王致和臭豆腐是如何发明出来的

　　很多人对一些味道古怪，甚至发臭的食物情有独钟，北京王致和臭豆腐就是这样的食品。臭豆腐虽然闻起来怪，但是吃起来却别有一番风味，而且开胃下饭，物美价廉，很受老百姓欢迎。那么，王致和臭豆腐是如何发明的呢？这说起来颇有几分"无心插柳柳成荫"的意境。

　　据说，清康熙八年，安徽省的学子王致和进京赶考，落榜后困居在京城内的安徽会馆中，准备下次考试。为了维持生计，他学父亲的办法制作起豆腐沿街叫卖，可是生意并不好。有一次，他的豆腐好几天都没有卖出去，再加上天气炎热，剩下的豆腐都开始发霉变质。王致和为了将损失降到最小，就学父亲制作腐乳的方法，将豆腐切成小块，加以晾晒，再用盐腌在坛子里封起来。

　　过了一段时间，王致和将豆腐取出来品尝，原先发霉的豆腐变成了青绿色，而且臭味扑鼻，王致和心里难过极了，恐怕这些豆腐都要扔掉了。他抱着最后一丝幻想夹了一块放到了嘴里，奇怪了，这豆腐的味道极其鲜美，比平常的味道更诱人。他把豆腐送给邻居们品尝，邻居们都说这味道很特别，但就是太呛人。

　　就这样，王致和还是像以前一样做豆腐买卖以维持生计，只盼望有朝一日能够考取功名。可惜，他屡考不中，最后只得放弃仕途。但是，买豆腐的人很多，为了生活得更好，他就按照过去的方法制作那种闻起来臭、吃起来香的"臭豆腐"。这种臭豆腐价格低廉，味道可口，很快就火了起来。销路打开后，王致和的豆腐生意越做越好，名声也随之远扬。后来，王致和在前门外开了一家店铺，取名为"王致和南酱园"，以经营臭豆腐为主。

　　经过不断发展、演变，"王致和南酱园"最后更名为"王致和食品厂"。"王致和"老字号能够传承下来，靠的是其独特的配方，王致和腐乳酿造技艺继承的是毛霉型腐乳的制作工艺。这种霉是从天然霉类提纯出来的蛋白酶，保证了豆腐在发酵过程中不会产生青霉等有害物质。目前，王致和厂已经将"腐乳制作用毛霉菌种"申请了国家专利，这如同可口可乐的配方一样是商业机密。王致和腐乳细、软、香、鲜的独特口味，也正因为源自这个秘方。

# 李记白水羊头是如何兴起的

　　李记白水羊头是"京华十大名吃"之一，是很受人们欢迎的一道特色美味。说起白水羊头，老北京人对其并不陌生，即使是没有吃过的，也肯定听说过。但关于白水羊头的来历，知道的人就很少了。

　　追溯李记白水羊头的起源，这要从闯王李自成说起。据说，李自成起义失败后，他的几个部下便驻扎在京郊大兴李营。为了掩人耳目，他们谎称自己是逃荒到此地来的。平日里，他们耕田种地、养牛放羊，逐渐融入了当地的平民生活。他们除耕种之外，还做一些买卖牛羊肉的生意，羊头及下货卖不掉就留下来用白水煮着吃，味道也很鲜美。那时候能够吃上荤食就已经很不错了，即便做得再不好吃，大家也都抢着吃。

李记白水羊头

京城生活

· 141 ·

他们里面有一个人的祖上是开饭馆的，所以也会一些厨艺。于是，就用羊头作为主要食材，再搭配一些佐料，将羊头做成了一道别具风味的菜肴。因为羊头较为便宜，所以作为一种平民小吃，白水羊头很快就传了开来。

后来，一个姓李的人喜欢琢磨，见白水羊头就这么一个做法，就对其进行加工改良，使得白水羊头变得更加美味，因此，白水羊头流传得就更广了。

一次，康熙微服私访，到民间体察百姓们的生活。他走在街上，看到京城发展相当快，街道两旁的店铺装修得都十分大气，心想老百姓的生活还是挺不错的。走着走着，康熙发现众多店铺之中有一家小门面餐馆，招牌做得十分简单而且门面也很旧，可是里面吃饭的客人却很多。康熙心中不免好奇，这小店中的食物究竟是什么？为何会吸引如此多的人呢？康熙不由得想要一探究竟，于是就带着随从进了这家饭馆。

进去后，康熙点了几个特色菜。趁菜还没上来时，康熙询问邻桌的一位客人："这家店的特色到底是什么，为何大家都喜欢到这里来吃饭？"这个客人回答得十分痛快，他说大家都是冲着李家的白水羊头来的，还说要是三天不吃这里的白水羊头，心里绝对要发慌。

这白水羊头到底有多好吃，竟然会让人馋得发慌？其实，康熙心里根本没把白水羊头当回事，没想到等上来后，夹了一块放到嘴里一吃，那味道真是美极了，与宫中的菜大有不同。

待尝罢菜、饮完酒后，康熙让人去请店老板。刚开始，老板还以为是做的饭菜有问题，当得知是因为这白水羊头味道鲜美时，心里一高兴，便娓娓道来这白水羊头的来历。

店老板说曾有人因为吃了白水羊头而活了一命。怎么回事呢？原来有一个人天生嘴馋，如果三天没有吃到好东西，就会生起病来。可是天下的美食他几乎都尝遍了，没有更好的东西品尝，他就一直病恹恹的。这个人的邻居是卖白水羊头的，他端来白水羊头给那个馋嘴的病人，这人刚尝一口马上就精神了，此后再也不想吃别的东西了，只吃这白水羊头一道菜。

康熙听了这个故事后哈哈大笑，一时兴起，就叫人找来笔墨纸砚，写下了"李记"两个字，并说几天后会派人送一块匾额。第二天中午，便有人将康熙御笔亲书的"李记白水羊头"匾额送到了店里。此后，李记白水羊头便成了京城一绝，四面八方的人都争着去品尝一番。

# 老北京炸酱面源于"狐仙"

北京人都爱吃面食，最主要的是吃面条。面条是民众喜爱的食物，不仅历史悠久，而且分布区域甚广，而且又因为地域不同形成了各种地方特色系列。比如，京津一带的打卤面、山西的刀削面、陕西的臊子面、兰州的牛肉拉面、四川的担担面等。在这些面条品种中，最经典的要数炸酱面。炸酱面分布区域最广，主要是在北方、中原地区。老北京炸酱面更是有着百吃不腻的美誉。

炸酱面到底有什么魅力，为何看似普通的一碗面能够成为经典的

老北京炸酱面

京城生活

美食呢？最主要的原因是炸酱面中的炸酱非常讲究：酱一定要用干黄酱与甜面酱；猪肉要用精肉与肥肉的三七比例混合，切成小丁；肥肉先入锅，煸出油后，再放入瘦肉丁、葱姜末煸炒；待锅内散发出肉、葱、姜的香味后，将调和好的酱倒入锅中，用大火烧至锅内酱面儿大小气泡均匀，调到小火。炸酱的过程中，炒勺要一直贴紧锅底顺时转动，保证酱不糊锅底。酱面儿炸至发泡时慢熬熄火，大约需要十五分钟的时间。炸酱的一个关键是油千万不能少。

炸酱面是中国传统的经典美食之一，不只是在中国，在世界范围内，炸酱面都是很受欢迎的。在许多外国人眼里，北京炸酱面就是中国美食的代表，这就像中国人眼里寿司就是日本料理一样。

其实，炸酱面中还包含着中国所特有的饮食文化，所以它能够得到海内外人士的喜爱。而且，在这独具特色的美食中还包含着一个动人的故事。

据说，明朝末年，全国各地战乱频繁，再加上水灾旱灾，民不聊生，遍地都是流民。有个刘某，他的妻儿不是饿死就是病死，家乡不能待了，他想到京城找到一个谋生的活儿。

刘某本是山西人，经历了漫长的奔波后，终于来到了京城，就在他刚踏入前门一带时，因为体力不支晕倒了。恍惚中，他觉得有人在拍他的脸，然后喂他热乎乎的米汤。刘某使出全身力气睁开眼睛一看，一位老大娘正在照顾他。原来他晕倒后，正好大娘路过，便找来几个年轻人将他抬回了家。

刘某体力渐渐恢复之后，便请求留下来做长工，而且不要工钱，无儿无女的老大娘就高兴地答应了。因为感激老大娘的救命恩情，刘某做事十分卖力，而且将老大娘当成亲娘来孝敬。没多久后，刘某就真的改口喊老大娘为娘了，老大娘感动得泪都掉了下来。

那时候，家家户户的日子都不好过，能够吃上一碗面就已经很不错了。一次，老大娘做了一大锅面条，里面随便放了几根菜叶子，又舀了一勺黄酱，就这么一搅就成了娘儿俩一天的食物。这种面条虽然简单，但是在刘某看来已经是上等的美食了。

过了几年，清朝建立，北京城里总算是太平了。刘某想开店做生意，也好挣钱孝敬老母亲。可是，他一没本钱，二没手艺，能开什么店呢？突然，他想起以前经常吃老母做的那种"杂拌面条"，于是就在路边摆了个小摊儿，用自家制作的豆酱作为酱料，并加入用青菜、胡萝卜切成的小丁。

刚开始，刘某的面做得简单，不够精致，但是因为价格实惠，生意还算不错。等攒了一些钱后，刘某便开始在制作工艺上下功夫，无论是抻面、切面，他都做得非常好，而且选用的豆酱也比以前更加精细，味道更好。他还在豆酱中加入肉丁，在放肉丁前还要将葱姜蒜放入豆酱中，之后再不停地搅拌。这样一来，面的味道就变得更加鲜美了。很快，他的面摊儿便远近闻名了。

生意越来越红火，刘某就想好好孝敬一下老母亲。一天，他拎着糕点兴冲冲地回到家，却发现老母亲并没有在家中。他便四处去找，街坊邻居也帮忙一起找。找了几天后，还是不见老母亲的身影。几天后，他梦见老母亲笑眯眯地说她本是狐仙，幻化成人暂时住在前门一带。她帮了无数的人，如今已经功德圆满，升到天庭了。

第二天早上，刘某便将梦中的事情告诉了邻居。邻居们都说，不知这位老大娘何时住进这条胡同的，她说自己姓胡，老伴儿、儿女都不在人世了，于是大家就帮她安顿了下来。老大娘平日里经常帮助别人，谁要是生个病，她都能治好。日子一长，大家也就不把她当外人了。

刘某回想起老母亲在梦中交代他一定要诚恳待人，多做扶贫救弱的事。刘某一直将老母亲的话铭记在心，时常周济贫困的街坊邻居，他的面条生意也越做越火！

京城生活

# 冰糖葫芦原是一种"药"吗

冰糖葫芦,品种众多,制作精致。一般用山楂串成,包裹上糖稀后冻硬,吃起来又酸又甜,深受老百姓喜爱。最早制售糖葫芦的要数"不老泉""九龙斋""信远斋"等老字号店铺。相传,冰糖葫芦的流传还与南宋光宗皇帝有关。

据说,南宋光宗的宠妃黄贵妃病了,用了很多珍贵药材也没有起色,仍然面黄肌瘦,只好张榜到民间招纳良医。有个江湖郎中揭榜进了宫,他给黄贵妃诊脉后说,只要用冰糖与红果(山楂)煎熬,每顿饭前服用五到十枚,不出半个月就一定能好。黄贵妃百医无用,于是按照他所说的服用,吃完后果然痊愈了。后来这种吃法传到了民间,老百姓把蘸了糖的山楂用竹棍串起来吃。然后又将一大一小的两个山楂串在一起,小的放在上面,大的放在下面,很像个葫芦。又因为"葫芦"跟"福禄"谐音,有吉祥的寓意,所以就被称为"糖葫芦"。

北京的糖葫芦盛行于民国时期,在繁华的街道、公园的茶点部、食品店或影剧院里都有糖葫芦卖。糖葫芦常摆在玻璃罩的白瓷盘里销售,且制作精致,品种众多,有山楂、荸荠、山药、白海棠、橘子等,后又加入豆沙、瓜子仁等多种口味。时至今天,又酸又甜的冰糖葫芦依然是人们喜爱的食物。

北京冰糖葫芦

# 羊眼包子是如何扬名的

羊眼包子是老北京的一种名小吃，回民饮食中的佳品，它的扬名还有一段有趣的故事。由于它个头小，精致小巧，所以人称羊眼包子。别看羊眼包子个头小，可馅料多样，好吃极了。相传康熙帝曾食用过羊眼包子，大夸好吃美味，故而扬名。

北京羊眼包子

相传，康熙皇帝曾微服私访来到一家回民羊肉包子铺。殷勤的小二用小托盘送来了两杯盖碗茶，笑盈盈地说："不怕爷恼，爷在宫廷王府什么山珍海味没尝过，还屈驾前来尝羊眼包子，小的实在不敢拿出来孝敬。"

康熙帝明知身份被识破，可还是佯装要吃包子，掌柜的忙招呼人送上了热气腾腾的小包子。康熙帝把包子放到嘴里一尝，果然味道鲜美。但是，康熙帝左看右看，也未见有羊眼，便问道："你们这羊眼包子怎么没羊眼？"掌柜的恭恭敬敬地回答说："回爷的话，不敢欺瞒，馅肉没有羊眼，只是做得精细些，包得个头小一点，像羊眼，就给它起了个'羊眼包子'的名字。"康熙帝又用筷子夹了一个吃起来，越吃越觉得好吃，便传旨："羊眼包子味道不错，今后可经常送到宫中，到内务府领银子。"从此，羊眼包子就誉满京城了。

京城生活

# 老北京炒肝源自会仙居

会仙居是炒肝的创始者。如今的天兴居以炒肝闻名京城，但其实它是由天兴居与会仙居两家店合并而成的。

清朝同治元年（1862年），一个叫刘永奎的北京人开了一个小酒馆，经营白酒、黄酒、各种小菜等，起初并没有起店名。据说，这家店开始时还专门收集附近酒楼、饭庄的剩饭菜，然后放在一起炒一下，称为"折罗"。许多穷苦人都很喜欢吃这种"折罗"，便宜，而且味道很好。一天，店里来了一位老人，要了两碗"折罗"，可是钱却没带够。刘永奎好心地说："没事儿，您白吃两碗也没关系。"可老人吃饱后就不见了。奇怪的是，那一天锅里的"折罗"却越来越多，收入大增。刘永奎琢磨来琢磨去，觉得那个来吃"折罗"的老人可能是神仙，他是遇到神仙了，于是将小店取名为会仙居。

后来，刘永奎染上了抽大烟的恶习，无心做生意，又没有子女，于是将妻子的弟弟刘喜贵请来帮忙。同治末年，刘永奎夫妇先后去世，会仙居便归了刘喜贵。

刘喜贵原是个农民，根本不会做生意，为了经营好会仙居，他将自己的大儿子、二儿子送到饭馆去做学徒。光绪二十年（1894年），两个儿子学成归来，三儿子也长大成人，三兄弟一起到会仙居帮父亲做生意。此后，会仙居在经营上发生了巨大的变化，增加了酱肉与火烧，但是生意一般，仍是一个普通的小酒馆。

刘喜贵去世后，会仙居由三个儿子来经营。三兄弟脑子灵活又齐心，在经营上狠下功夫。当时，会仙居附近有一家叫广来水的小店，经营白水汤羊，生意很好。三兄弟受其启发，开始模仿广来水白水汤羊的做法，将猪肝、肺、心等切丁、切条、切片，然后加入花椒、大料等用白水煮，起名为白水杂碎。他们又将原来的大火烧改为叉子火烧，放到炉内用温火烘烤，烧饼外焦里嫩，颇有特色。但是白水杂碎因为佐料不全，制作工艺简单，所以客人一般都不爱吃。尤其是其中的心、肺，都被客人拣了出来。会仙居这种创新

炒肝

并没有达到好的效果，如何改进，三兄弟一时也想不出其他办法。

当时，北京的著名记者杨曼青，对北京的风土人情很感兴趣，为北京民俗文化的传承发展作出了许多贡献。他经常光顾北京的一些特色小吃店，与刘家三兄弟也很熟。一次聊天中，他得知了三兄弟的心事，便出主意说："既然白水杂碎中的心、肺不受欢迎，干脆就将它们去掉，然后加上酱色，再一勾芡，起名为炒肝。"三兄弟说为何叫炒肝。他认为如果叫烩肝肠就没有吸引力。杨曼青还答应帮他们三兄弟宣传一下。三兄弟一听，高兴坏了，马上就按照杨曼青的说法去做了。

经过试验，杨曼青的点子很快取得了成功。当时炒肝问世，会仙居门庭若市，营业面积也不断扩张。当然，这主要归功于杨曼青的炒作，他在报纸上发表文章，大谈猪肝、猪肠的营养价值。他还出书，除了介绍北京的老买卖外，对会仙居也大加宣扬。会仙居从此闻名京城。

1933年，会仙居对面开了一家专营炒肝的天兴居，欲与会仙居争雄，在炒肝的制作程序上狠下功夫，并采取了一系列措施：由专人洗肠，洗之前必须除掉肠头肠尾，以保证味道肥美；猪肝选用肝尖部位；佐料也都是选用上等的。这些措施使得天兴居也逐渐兴旺起来，会仙居的老客户也逐渐转向天兴居。就这样，会仙居的生意越来越不好，最终到了难以支撑的地步。

1952年，会仙居以出租形式转让给康克文、年福祥、司永泉三人。

京城生活

这三人接手后，重整旗鼓，提高服务质量，使得会仙居恢复了以往的兴隆。1956 年公私合营，会仙居与天兴居合并，称天兴居，由会仙居做炒肝技术最好的师傅掌灶，使北京炒肝得以继承。

# 豆面糕为何又叫驴打滚

驴打滚

豆面糕又称驴打滚，是古老的北京小吃。豆面糕为何叫驴打滚呢？因为驴天生有打滚的习性，它们一般在劳动之后，躺在地上打个滚，缓解一下疲劳，有时也是为了驱赶蚊蝇。豆面糕称为驴打滚，是一种形象的比喻：豆面糕制好后，都要放在黄豆面上滚一下，就如驴打滚一样，因此得名。

关于驴打滚的记载最早出现于清人的《燕都小食品杂咏》里："红糖水馅巧安排，黄面成团豆里埋。何事群呼驴打滚，称名未免近诙谐。"可见，驴打滚也有很长的历史了。

据说，驴打滚起源于距今两千年的东汉时期，发明人为光武帝刘秀麾下名将"云台二十八将"之一的马武。

马武曾率军在现今的北京郊区上口村位置驻守。其间，战士们因为长期食用黄黏米馍的缘故，普遍产生厌食厌战情绪，严重影响到军队的战斗力。而生性幽默的马武受到毛驴在地上打滚、浑身沾满黄土的启发，创制出黄黏米外滚黄豆粉的驴打滚。结果，战士们看到这么滑稽的食物，纷纷胃口大开，品尝后还赞不绝口。战士们的情绪得到很大缓解。

关于马武,《后汉书》有一段记载:"武为人嗜酒,阔达敢言。时醉在御前,面折同列,言其短长,无所避忌。帝故纵之,以为笑乐。"由此可见,马武不同于其他杀人如麻的大将军,他是一个有趣味的明星人物。经过两千多年的风风雨雨,关于马武发明驴打滚的传说还能在民间流传下来,足见马武的确非同寻常。

## 艾窝窝是如何流传于北京民间的

关于艾窝窝的来源有两个传说。一说是古已有之,源于北京。《明宫史·火集》对此有记载,明万历年间内监刘若愚在《酌中志》也有提到。可见,明代时已经有了艾窝窝。

据说,明时紫禁城的储秀宫中的皇后与妃子,天天吃山珍海味都吃腻了,一天,储秀宫的一个回族厨师在吃从家里捎来的清真食品艾窝窝的时候,一位宫女走过来看到了。她要了一点一尝,觉得味道还不错,就给皇后也带了点。皇后一尝,觉得非常好吃,就马上让这位回族厨师

艾窝窝

为居住在后宫中的妃子们做艾窝窝吃。尤其是皇后特别爱吃艾窝窝，说艾窝窝不仅好吃，而且好看，对回族厨师大加赞赏。后来，艾窝窝就从紫禁城传了出去。从皇宫出去的东西在民间自然身价百倍，艾窝窝一时名震京城，成为著名的清真风味小吃，并被称为御艾窝窝。

## 第一个吃到门钉肉饼的人是慈禧太后

老北京有一种传统美食，叫作门钉肉饼。其外皮焦黄，汤汁香浓，馅是牛肉大葱的，属于清真食品，味道极其鲜美。

门钉肉饼皮薄馅多，是高约三厘米、直径五厘米的圆柱体，和一般的肉饼相比小且厚。门钉肉饼是用牛油做的，油水很大，并且牛油很容易凝结成块状，凝固了的肉饼味道就不怎么鲜美了。因此，最好趁热吃，那样吃起来的口感才好。一口咬下肉饼，那外焦里嫩的面皮，清香润口的汤汁，还有极致的牛肉瞬间占领舌尖，咀嚼之时，味蕾有得到升华之感。但是趁热吃时，千万不能心急，一大口咬下去很容易烫着嘴，并且还会滋一身油，因此，在吃门钉肉饼时得注意，不要把享受演变成一种尴尬。

在北京，门钉肉饼被称为"小吃十三绝"之一，而且跟慈禧太后有着千丝万缕的关系：因为其形状酷似古时城门上的门钉，所以慈禧太后给它起了这么个名字。

据说有一天，慈禧因为朝政上的一些事情心烦意乱，食欲不振。她请太医诊病，太医也查不出问题来。一贯善于揣摩主子心思的李莲英说："老佛爷您觉得精神不爽，是因为国家大事，在奴才看来这是大清国的福气啊。咱大清国由您来治理，必定会日益强大的！"慈禧听后喜笑颜开，说："你让御膳房给我准备点糕点，给我开开胃吧！"老太后一下旨，御膳房的厨师们可犯难了。这山珍海味，慈禧太后都吃腻了，做什么好吃的呢？他们都知道太后这些天心情不好，都怕哪里做错了惹来杀身之祸，所以在做事情时都格外小心。但是琢磨来琢磨去，他们也想出个新花样来。这位难伺候的老佛爷每天都拉着脸，连李莲英都提心吊胆的。

门钉肉饼

为了让慈禧开心，宫中安排了道士进宫祈福。而御膳房里，一群厨师手忙脚乱地为太后准备美食。一个小厨子因为肚子饿了，便偷着做了一些点心。这种点心形状扁圆，用牛肉大葱做馅，煎烙熟后，外焦里嫩，香酥可口。做好之后，小厨师还没来得及吃就被叫去忙活别的事情了。这时，来御膳房为慈禧太后取点心的太监一眼看到桌子上的小饼，还以为是为慈禧太后做的，问也没问就端着走了。

就这样，一盘刚做好还冒着热气的小饼子就到了慈禧太后面前。之前，慈禧太后没见过这种饼子，于是就好奇地吃了起来。一尝，没想到这种外表看起来很普通的小饼子，吃起来竟然十分美味，颇有一番特色。慈禧太后便问这种小吃叫什么名字。送饼子的太监因为之前没见过，自然说不出来。慈禧太后有点不高兴了，旁边的道长见此忙说："这圆形的小饼子，象征圆满丰裕。饼子里面又填满肉馅，老佛爷吃了它之后福气多多，吉利啊！"道士的话正好说到了慈禧太后的心坎里，慈禧太后心情大好，说这小饼子与城门上的门钉很相似，就取了个门钉肉饼的名字。这个名字虽然不是很文雅，但却颇为形象。

此后，门钉肉饼就成了慈禧太后很喜欢吃的点心。后来，门钉肉饼又从宫廷流传到了民间，成为北京城中的风味小吃。

京城生活

# 涮羊肉为何叫古董羹

　　如今，若问一人："你喜欢吃古董羹吗？"对方估计一定会疑惑地说："那是什么东西啊？"但是去老北京人，他们估计会笑一笑，说："不就是涮锅子吗？当然喜欢吃啦！"那为什么涮火锅又叫古董羹呢？这就要从涮火锅的历史说起。

　　火锅历史源远流长，距今有近两千年的历史，因为肉料投入沸水中会发出"咕咚、咕咚"的声音，所以人们称之为古董羹。据考证，东汉时期就有了火锅，如今的火锅虽然在容器等方面有了很大的改变，但是煮涮食物的根本用法始终未变。白居易就曾写诗惟妙惟肖地描述了吃火锅的场景："绿蚁新醅酒，红泥小火炉。晚来天欲雪，能饮一杯无？"

　　到了宋代，火锅的吃法在民间已十分常见。元代时，火锅已经流传

涮羊肉

到蒙古一带，用来煮牛羊肉。到了清代，火锅不仅在民间盛行，而且成为宫廷名菜，主料是山鸡等野味。据说，乾隆帝很爱吃火锅，他多次下江南，每到一地，都要吃火锅。

古董羹为何后来又变化成涮羊肉这个名字呢？其实这是元世祖忽必烈给起的。当年，忽必烈率军南征，遇到天降大雪，寒气逼人，所以忽必烈就下令大军进驻到一个山谷的牧场里。几名厨师正在为大军准备食物时，探子回报前方有敌情。忽必烈心想总不能让大家饿着肚子去打仗吧，于是就命厨子用最快的速度准备饭菜，以解决将士们的饥寒之苦。厨子们将羊肉切成薄片，然后放入锅中搅动几下，等羊肉变了颜色，再捞入放了汤料的碗中。虽然当时情况紧急，食材准备得很粗糙，但是将士们吃完之后马上就恢复了体力，并在之后的战争中取得大胜。

晚上，营地里举行庆功宴时，忽必烈让厨子按照白天的做法，再给将士们做一顿那样的美味。由于时间比较充足，厨子们在调味料上下足了功夫，羊肉也比白天切得更薄了，所以比白天的更加美味。将士们吃了纷纷赞不绝口，忽必烈问厨子这道美食的名字。厨子说没有名字，并说了一下大致的做法，在锅里涮涮之类的话，请忽必烈给起个名字。忽必烈看了看碗中的羊肉，又想了一下羊肉的做法，便说："就叫涮羊肉吧！"

如今，古老的涮锅子已经发展得越来越丰富，成为老北京传统美食中的代表。


# 游龙戏凤得名于明武宗

北京有一道很有特色的菜，它主要以虾、鸡肉、鱿鱼为主要食材，而且这道菜还有一个很特别的名字，叫游龙戏凤。这道菜源于明朝，那个时候，谁能想到给一道菜起这样的名字呢？一般来说只有皇帝。

京城生活

据说，明朝正德年间，明武宗朱厚照厌倦了皇宫中的单调生活，便悄悄地带着亲信太监到民间游玩。刚出了紫禁城，朱厚照就发愁了，他们一行人对宫外的环境都不熟悉，不知道往哪里去。这时，一名太监说，听说梅龙镇风景幽雅，山清水秀，而且那里的姑娘相貌也不错。最后一句话正说到了朱厚照的心里，于是便让那个太监带着自己去梅龙镇。

其实这个太监也不知道梅龙镇在何处，他这么说只不过是为了博取皇帝的欢心。反正身上有的是银子，就硬着头皮乱走，饿了就找个好的饭馆吃一顿，累了就找个舒服的客栈住下来。走了两三天后，这个小太监心想，如果再找不到梅龙镇这个地方，自己的小命就要不保了。巧的是，他们真到了一个叫梅龙镇的小镇。朱厚照高兴地说："这里的风景果然与紫禁城大有不同。"其实只要离了宫，哪里的风景对他来说都是有趣的。走了很久的路，朱厚照开始抱怨累了，于是就找了个地方过夜。

小太监寻了一家客栈，然后将朱厚照请了过去。这家客栈是一对姓李的双胞胎兄妹开的，这家的哥哥出去办事了，只留下性格直爽的妹妹在家看店。李凤见来了几个穿着比较贵气的人，就开他们的玩笑说："住一晚需要五百两白银。"李凤刚报完价，小太监就喊道："这是家黑店，再好的客栈也不值这个钱！"可是朱厚照觉得这个女子说话爽快，完全不像宫中的女子那样扭捏造作，心里一下子喜欢上了，因此就一口答应住下来。并说身体不适，希望能在此好好休息一下。

李凤虽然性格泼辣了一些，但是心肠却很好，她听到来客说身体不适，便请他们上楼，亲自做了几道好菜送了上去。其中的一道菜，朱厚照吃完赞不绝口，便问这菜的名字。李凤说没有名字，是跟母亲学来的。于是，朱厚照就给这道菜起了个名字叫游龙戏凤。李凤虽然读书不多，但人却很机灵，她见朱厚照仪表堂堂、出手阔绰，便知道来头不小。

后来，朱厚照便急着回京，李凤也随着进宫。从此，游龙戏凤便成了明朝的宫廷名菜。明朝灭亡后，这道菜便传到了民间，经过民间厨师不断改进，制作出了各种不同的风味。

## 茯苓饼是慈禧太后的长寿御膳吗

北京有一种薄薄的"纸饼"，叫作茯苓饼，也叫茯苓夹饼，是一种滋补性传统名点。茯苓饼的名称是因为饼皮很像国药中的云茯苓片，故称茯苓饼。慈禧太后尤其爱吃茯苓饼，特别是到了老年，每天必吃，并以此养生保健，更让人觉得此饼非同一般。

茯苓饼所含的茯苓，俗称云苓、松苓、茯灵，为寄生在松树根上的菌类，形状像甘薯，外皮黑褐色，里面白色或粉红色。古人称茯苓为"四时神药"，功效广泛，不分四季与各药配伍，不论寒、温、风、湿等症，都能发挥其独特功效。在《神农本草经》中，茯苓更是被列为上品，并指出其"久服安魂养神，不饥延季"。茯苓饼的制作系以茯苓霜和精白面粉做成薄饼，中间夹有用蜂蜜、砂糖熬熔搅匀的蜜饯碎果仁，其形如满月，薄如纸、白如雪，珍美甘香，风味独特。

茯苓饼

京城生活

据说慈禧太后能活到九十四岁，与她长期食用药膳有直接的关系。在已公布的十三个慈禧补益方中，茯苓饼的使用频率最高。

慈禧为什么晚年特别爱吃茯苓饼呢？传说北京香山的法海寺，有个老方丈素有"老寿星"之称。来此进香的人，早就听说老方丈已九十九岁。老方丈精神特好，每天除了坐禅、练功，就是上山采药。他除了吃松子，便是吃自己亲手烙的不知名的小圆饼。

这一年，慈禧在香山行宫养病，看着自己年纪大了，又得了心疼病，生怕自己活不长久而终日忧愁。御医给她开了很多方剂，也没有多大起色。有人进言可以向法海寺的老方丈求医，慈禧便将老方丈请进了香山行宫，老方丈则向太后进献了自己亲手制作的小圆饼数枚，让她服用。方丈走后，慈禧连吃三枚，味道鲜美，而且感觉精神也清爽了许多。服用几天后，心疼病竟然一扫而光。

为了打探这小圆饼的奥妙，次日清晨，慈禧带着一两个随从来到了法海寺。一进庙门，但闻奇香冲鼻而来。她也不让随从声张，径直走向方丈禅房。原来是老方丈正在烙制自己前日吃过的小圆饼。见太后驾临，方丈急忙迎接。慈禧好生慰问一番，方才请教此物底细。老方丈说："人生在世不求仙，五谷百草保平安。此饼乃是老衲所采茯苓所制，名曰茯苓饼，有养生健身奇效。"他又取来自己采集之物给太后观看。太后连声称赞，并熟记在心。

慈禧回宫之后，把御医和御膳房名厨叫来，如此这般一说，限令他们试制茯苓饼。时隔不久，精美饼食即奉献于太后面前。御医研讨后的制作方法，被载入太医院"仙方册"中。御膳房制作茯苓饼的名厨也得到了重赏。据在慈禧太后身边服侍多年的人回忆说，自从慈禧经常进食茯苓饼后，不仅很少犯心疼病，而且头发也由白变黑了。

# 褡裢火烧是褡裢的样子吗

　　褡裢火烧是北京的一种传统小吃，因为外形酷似传统服饰上的褡裢而得名。褡裢火烧是一种油煎食品，色泽金黄，鲜脆可口。制作时用面片装入馅，两面折起包住馅，另两面不封口，放入油中煎熟至金黄即可。

　　褡裢火烧的起源体现了普通劳动人民的生活智慧。相传，清朝光绪年间，从顺义县城来京的"北漂"姚春宣夫妇在北京的东安市场开了一个做火烧的小摊。一开始，由于火烧这种食品在老北京司空见惯，所以夫妇俩的生意并不算好。后来，姚氏夫妇看到往来行人肩上背着的褡裢，灵机一动，做出外形酷似褡裢的火烧。由于夫妇俩做出的褡裢火烧细长金黄，外焦里嫩，鲜香美味，很快便打出了一片市场。随着小摊的生意越发红火，姚氏夫妇便开起一家名叫瑞明楼的专门经营褡裢火烧的小店。

褡裢火烧

# 豆汁儿为何是臭酸味的

说起豆汁儿，不熟悉北京的大多以为是在说豆浆。其实不然，豆汁儿是北京独有的乡土风味，于乾隆十八年兴起。

爱新觉罗·恒兰在《豆汁儿与御膳房》中记载说，乾隆十八年夏季，民间一粉坊偶然发现用绿豆磨成的粉浆发酵变酸，尝起来酸甜可口，熬熟后味道更浓。于是，在民间开始饮用，并逐渐流行起来，后来受到皇家的赏识。

如此看来，豆汁儿已经有几百年的历史了。豆汁儿是水发绿豆加水研磨后，通过酸浆法令悬浊液的黏度适度增加，使颗粒细小的淀粉浮在上层，取之进行淀粉的分离，中间的液就是豆汁。豆汁儿灰里透绿，一般味酸，有轻微的酸臭味。

老北京人一直把喝豆汁儿当成一种享受。在北京民间，还流传着这样一句俗话："没有喝过豆汁儿，不算到过北京。"老舍先生也曾说过，"不喝豆汁儿，就算不上北京人。"不过，多数人第一次喝豆汁儿，总会被它那犹如泔水般的味道所吓住，然而捏着鼻子喝上两口，那感觉就不一样了。

据说当年张作霖的奉军进京的时候，几名军官想尝尝北京特色美食，有人向他们推荐了豆汁儿。老板娘刚把豆汁儿端上来，几个人一闻那味儿，立即大骂起来："你拿馊泔水蒙老子！"若不是旁桌客人极力解释，老板娘可就遭殃了。这段往事许多北京的老人都知道。

早些年，北京城里卖豆汁儿的遍地都是。卖豆汁儿的主要分两类：一是摆摊儿的；一是挑着担子走街串巷的。说到卖豆汁儿的，就要说豆汁儿丁。

丁德瑞家里一直是挑担走街卖豆汁儿的。到丁德瑞这一代时，因为赚了些钱，就在西花市路北火神庙前摆了一个摊位。那时是 1910 年，丁德瑞每天中午开始营业。因为丁德瑞做的豆汁儿味道好，很受顾客欢迎，平时摊位上总是客流不断。喜欢喝豆汁儿的人，往往成为丁德瑞的常客，这些人几乎每天都光临。每逢花市集，丁德瑞豆汁儿摊总有很多人等座，生意非常兴隆。丁德瑞的豆汁儿在北京城很快就声名大振，人称豆汁儿丁。

据说，梅兰芳就极其喜欢喝豆汁儿。抗战期间，他居住在上海，弟子言慧珠赴上海演出时，就特别带了豆汁儿丁的豆汁儿以孝敬师父。

如今，豆汁儿成为老北京传统文化不可缺少的一部分。在充满现代都市感的北京城里，老北京豆汁儿的味道仍在飘来荡去，令人心醉。

## 焦圈配豆汁儿是老北京饮食绝配吗

北京人爱喝豆汁儿，也爱吃焦圈。而且喝豆汁儿时配吃焦圈算得上一绝。焦圈又叫小油鬼，大小如手镯，焦脆酥香。据《北京土语辞典》记载："作环状，大小如缑，特别酥脆。"这讲的就是焦圈。除此之外，苏东坡曾有一诗，相传是中国第一首产品广告诗："纤手搓来玉数寻，

焦圈

京城生活

碧油轻蘸嫩黄深。夜来春睡浓于酒，压褊佳人缠臂金。"

老北京人称，一碗豆汁儿，几个焦圈，加上一碟辣咸菜丝儿，占了五味中酸、辣、甜、咸四味，而独没有苦味，实乃人生之期盼。

焦圈看起来不怎么吸人眼球，但也是皇家的传承之物，据传古代帝王曾吃过。现今焦圈的风采一如初见。北京著名的护国寺小吃店和群芳小吃店制作的焦圈，于 1997 年 12 月获得"首届全国中华名小吃"的称号，至此很多国内外游客们为一尝焦圈不辞万里来到北京。

焦圈，象征着人们渴望生活的幸福圆满，传承着中国的饮食文化，一道道工艺都包含着辛勤劳动人民智慧的结晶。它不仅仅只是一种舌尖上的享受，更是一种风情，一种历史的见证。

## 天福号酱肘子是如何成名的

天福号酱肘子是北京特色风味名食，肉皮酱紫油亮，鲜香四溢，肉食入口没有油腻之感，回味长久。它已有两百多年的历史，它的扬名还有一段有趣的故事，可以说是"无心插柳柳成荫"。

乾隆三年，山东人刘德山在北京西单牌楼开了一家天福号肉铺，专门卖山东风味的肉食，生意还可以。一次，刘老板的儿子夜间守灶，不料睡着了，等刘老板来查看时锅里的肉已经炖烂了。早上开张时，刘老板只好勉强把还能成形的酱肘子摆出来出售。恰好，这第一个来光临的是老主顾，他在刑部当差，跟往日一样付了钱取了肉便走了。没想到，刑部的几位官差都连连夸赞这酱肘子好吃。第二天，他们又指定要吃天福肉铺的酱肘子，称昨天的肘子酱得好，又酥又嫩，不腻口，不塞牙，口味香绵。

此时刘老板才反应过来，昨天烟锅的肘子偏偏赢得了客人们的喜爱。从此，刘德山认真研究总结了一套独特的烹制方法，并在选料加工

天福号酱肘子

上越来越严格，酱肘子的味道也越来越好。因此，京城的达官贵人都爱吃天福号肉铺的酱肘子，天福号也随之名声大振。

据传，就连慈禧太后品尝后也大加赞赏，并赐给"天福号"一块腰牌，规定每天定量送进宫中。从此天福号烹制的酱肘子，就成为皇家的御用食品，在民间的名气越来越大。

1911 年辛亥革命后，退位的末代皇帝溥仪向往西方的生活，喜欢吃西餐，对传统的美食不屑一顾，可是，天福号酱肘子却是一个例外。尽管溥仪每天吃西餐，但天福号酱肘子却是餐桌上必备的一道菜。1959 年，溥仪被特赦后，出来的第一天就骑着自行车来到天福号门市部买酱肘子。

今天，天福号酱肘子依然以其独特的风味吸引着社会各界人士。

京城生活

# 萨其马的名字有何来历

　　北京的名小吃多种多样，并都有着各自的特色和寓意。而萨其马则是一种充满老北京风味的糕点名称，原意是狗奶子蘸糖，用冰糖、奶油和白面制作而成，形状有点像糯米糕，经烤熟后切成方块状，即可食用。有关"萨其马"一名的由来众说纷纭，在野史中有三种说法。

　　传说一：相传在清朝有个姓萨的将领，他经常出外狩猎，每次狩猎回府时都要吃些点心，甚至还苛刻地吩咐厨房制作点心不能重样，否则要实行惩戒。一次，厨房里的一个厨子不小心将蘸了鸡蛋清的点心炸碎了，内心感到十分惶恐不安，而此时，厅堂里的大将军已在催着要上点心，无奈只好端了上去。原以为会被责罚，不料将军吃了赞不绝口，还特意问点心的名字。厨子看到一仆人牵走的马就随口说是"杀骑马"，后来这道点心的名字被记载成文字，也即为"萨其马"。

　　传说二：古时候有一个做了一辈子点心的老翁，一天突发奇想，想

萨其马

创作一种口味独特、形状新颖的点心，并在另一种甜点蛋散中得到了灵感，起初还没来得及为此点心命名，便被迫不及待的妻子催着去市场上卖。由于半道中下雨，老翁便到了大宅门口避雨。不料那户人家的主人骑着马回来，把老翁放在地上盛着点心的箩筐踢到了路中心。点心便散落一地，湿漉漉的。后来老翁再次做了那种点心去卖，结果广受民众欢迎，有人问到这个点心的名字，他回想起那日的情景就咬牙切齿地答道："杀骑马。"随着时间的不断推移，后人便将名字雅化成"萨其马"。

传说三：清朝乾隆年间编撰的《御制增订清文鉴》一书中曾有过详细的记载，由于当时一时半会儿找不到合适的汉语代称，便直接将满语音译，所以一直都有各式各样的如"沙其马""赛其马"等称呼。随后经过历史的变迁，清王朝的统治渐渐稳定了下来，满族民众入关后，与汉族文化相互交融磨合，而萨其马作为一种特色的满族风味食品，也渐渐被接受。因此，萨其马的名字也就顺理成章成了共同使用的名称。

这些传说的真假，其实已经不重要了。现如今，萨其马这一特色小吃已被广大中外民众所追捧，而传说只能为它蒙上更为神秘的面纱。

# 老北京酸梅汤是怎样流行起来的

酸梅汤，老北京传统的消暑饮料，能除热送凉，生津止渴，收敛肺气，除烦安神，是炎热夏季不可多得的保健饮品。

清朝时期，酸梅汤是清宫御膳房专门为皇室制作的消暑解渴饮料，被誉为"清宫异宝御制乌梅汤"。乌梅泡发以后，放上冰糖、蜂蜜、桂花一起熬煎，冰镇之后就成了酸梅汤。它比西方传入我国的汽水要早一百五十年。清宫中特别流行喝酸梅汤，尤其是乾隆皇帝更是喜欢。史

京城生活

料记载，慈禧太后、光绪的瑾妃以及崔玉贵等清宫人物，也极喜欢喝酸梅汤。

酸梅汤如此风靡清宫，其实是有原因的，八旗爱喝酸也是有历史的。在入关之前，狩猎采集曾是他们最主要的生产方式。他们好渔猎，喜吃肉食，进而发明了酸汤子这种食品。每次他们吃完了高热油腻的肉类，再喝点用玉米面发酵后的酸汤子，还真对味。

后来，酸汤子被带到了北京城。可北京的气候和地理环境，使常年生活在东北的满族人在身体、生活各方面都有所不适应。最显著的，由玉米面发酵而成的酸汤子糖分较高，过剩的糖在没有被使用的情况下就会转化成脂肪，存于体内，造成肥胖。况且，常食含热量较高的鹿肉、熊掌之后再喝玉米面做的酸汤子，容易使体内外的湿热相搏，更增肥长胖。因此，到乾隆皇帝时，他下令要对饮食结构进行调整。

为了满足皇帝的要求，清宫御茶坊绞尽脑汁，反复研究，终于调制出了能替代酸汤子的饮品——酸梅汤。它的配方为：去油解腻的乌梅，化痰散瘀的桂花，清热解毒、滋养肌肤的甘草，降脂降压的山楂和益气润肺的冰糖。

老北京酸梅汤

酸梅汤不但有去油解腻的功效，它还富含有机酸、枸橼酸、维生素 $B_2$ 和粗纤维等营养元素，对身体健康有好处。酸梅汤一问世，乾隆皇帝就非常喜欢，饭前饭后都喝一盏。乾隆皇帝一生都是一副清瘦的身材，且瘦而精神，这就与酸梅汤有关。后来，清宫皇族之人都兴喝酸梅汤，慈禧太后更是离不开酸梅汤。

据说，慈禧太后当年最喜爱的饮料就是酸梅汤，并把它作为保持身材、美容养颜的佳品。后来，酸梅汤逐渐传到了民间，商贩们在摊位前插一根月牙戟，表示夜间熬的，还挂着一幅写着"冰镇热水酸梅汤"的牌子。他们还不时敲击手里的一对小青铜碗，发出铮铮的声音以吸引顾客。现在，我们喝的酸梅汤其配方就源于清宫御茶坊。


# 老北京奶酪是源于宫廷吗


老北京奶酪，在元明清三朝只有皇家才能吃到，属于宫廷小吃。清光绪十四年（1888年），一个名叫魏鸿臣的人从御膳房做事的朋友那里学了一门手艺——合碗酪：就是把容器倒过来奶酪都不会洒。学会之后，他就在前门外大栅栏附近的几个戏院门口卖奶酪。

他做的宫廷美味立刻赢得了顾客的一片赞誉，奶酪醇而新鲜。大碗带果的尤佳，酪里面有瓜子仁儿，于喝咽之外还有点东西咀嚼，别有风味。人们走过他这里，必定喝两碗，人送美名"奶酪魏"。没几个月，他就在门框胡同路西租了一间门脸房，字号是麟记酪铺。

魏鸿臣卖酪，有专门盛酪的碗，"酪碗儿"的个头比现在的饭碗稍大，碗边斜直向下，圆底，很结实。每年夏天，奶酪铺开始卖酪，除在门市售卖，魏鸿臣还雇了一两个小伙计，挑担子沿街到胡同里吆喝着卖。卖酪的挑子是两个大木桶，每天刷洗得极干净。桶口先用一层蓝布盖着，上面再压以木盖。掀开后，桶里沿着桶壁一圈一圈地排着酪碗儿。碗上

京城生活

老北京奶酪

架一块小木板，木板上再码着一层酪碗儿，这样一码便是三四层，木桶中间放着一大块冰。炎炎夏日，大人、孩子累了，坐在门口大懒凳上乘凉。每天下午四点来钟，魏鸿臣的伙计挑着挑子准到，听那一声中气十足的"酪来"，人们立即疲倦全消。

鲁迅、梁实秋、马连良、谭富英等都是"奶酪魏"的常客。

# 北京衣着打扮传说

北京作为古都，无论是达官贵人还是老百姓们，对衣着打扮都非常重视。随着清朝入关，以往的宽袍、大袖等传统装束也随之改变，极大地影响了老北京人的衣着打扮。关于此，民间也流传着许多有趣的传说，如旗袍、马蹄袖等，这些服饰特色的流行背后都有鲜为人知的故事。

## 老北京人的穿着有何讲究

老北京人对穿衣十分讲究，到了什么季节就要穿什么样的衣服。在旧时除了农历二月和八月天气变化无常时可以"乱穿衣"，其余的季节都要穿相应的衣服，如果穿错衣服是会被人笑话的。

刚刚入夏的时候，北京人就开始穿纺绸褂，如果遇到相对比较凉爽的天气可以穿春绸的袍子。到了入伏天的时候，就要穿上罗褂，这罗褂可分为五丝罗、九丝罗、十三罗等几种。进入二伏天的时候就要穿纱制的衣服，有实纱、亮地纱、官纱、香云纱等几种类型。到了三伏天时则开始穿清凉的夏布褂。还有一些人比较爱穿"两截布衫"，上半截用夏布，下半截可接纺绸、罗布等布料。入冬之后穿上比较保暖的棉袍，进入数九天时则穿上棉皮袍。

老北京人对穿衣的讲究与明清两代官服制度也有着很重要的关系。

京城生活

· 169 ·

住在全国的政治中心，不仅言行举止有着严格的规定，就连穿衣戴帽也不能随意，如有一个不对就会惹来杀身之祸。

明代就有明文规定，皇室贵族的衣物可用锦、绫制造，庶民可用绸、纱，商人则只能用绢、布。上至皇帝下至农夫、书生，不同身份的人其穿着都有不同的要求，甚至连衣领和衣袖都有明确的规定。

清代宫廷贵族穿着十分华贵，而且服饰制度也十分严格。

清朝的皇帝，接受了《周礼》的说法，将"玄""黄"当成正统颜色，皇帝的服饰主要以明黄色为主，但是服饰的披领、箭袖和腰带却保留了满族人的彪悍风格。皇帝的服饰主要分为三类：礼服、吉服、便服。礼服包括朝服、朝冠、端罩、衮服、补服；吉服包括吉服冠、龙袍、龙褂；便服是日常所穿的衣服，它属于在典制规定以外所穿的平常服装。

对统治阶级来说，服饰是极为重要的事情，甚至关乎一个国家的安危。在皇太极的传说中，就有一件关于服饰的。

1632 年，皇太极初定冠服制度时表明，依旧使用满人的冠服制度，并吸取金世宗的教训，说"凡改汉衣冠者，无一不再世而亡"，他还指出，汉族服装不利于骑射。当时，某些大臣对此并不赞同，并申明自己的想法，表示作为外来民族，要想在中原长久扎根，还是要采取汉族的冠服制度。起初，皇太极觉得此话有一番道理，也想过要采纳这个建议，但就在想要改变主意的头一天晚上，他做了一个奇怪的梦。

他梦见自己来到了一个阴森森的地方，祖先们一个个都怒瞪着他，面目恐怖。皇太极一再行礼，希望祖先们能给予他明示。于是，一个声音说："我们是以骑射夺得了天下，入主中原后千万不能改成汉族冠服制度，若想我们满人统治长久，就必须在服饰上彰显骁勇与胆量。"

梦醒之后，皇太极更坚定了自己的初衷。在入关稳定之后，满人原先的服装虽然已经失去了实用性，但是清朝统治者始终没有改变原先的冠服制度，而是在原先的基础上更加完善了。

# 清宫女人穿的花盆底鞋是怎么来的

看过清宫戏的人都知道，宫廷女子的打扮与老百姓的打扮有很大不同，比如高耸的发冠、围在脖子上的龙华，还有脚上穿的点缀珠宝的花盆底鞋。

大约从五代十国开始，女人开始裹脚，渐以小脚为美。当时，裹脚是一种风尚。但是，作为游牧民族，满族女人是不裹脚的，不过按照那个时候的审美来说，女子有一双大脚是很丢人的事情，有可能还嫁不出去。

不过，哪个民族的女人都是爱美的，于是聪明的宫廷贵妇们想出了一个好办法，她们发明了一种高底鞋，这样就可以把脚藏在裙子下面，不会显露出来了。而且，爱美的女人还会在鞋子上装饰各种各样的珠宝和精美的刺绣。

关于花盆底鞋的来历还有不少的传说故事。有这样一个传说，满族先民的一个部落与侵略他们领地的敌人作战，要想夺回被攻占的土地，他们必须要渡过一片泥塘。如果穿着普通的靴子，就会很容易陷进泥塘里，有个聪明人学着白鹤的样子，在靴子上固定上高高的树杈，于是大家都这样安全地渡过了泥塘。

最终，经过一番战斗后他们取得了胜利，赶走了敌人，在领地繁衍生息，很快发展壮大起来。而妇女们看到这种高脚木鞋后，觉得比靴子要美观很多，于是就改进了制作方法，发明了高脚木鞋。很多妇女都以穿这种高脚木鞋为美，这种习俗就这样流传了下来。

清朝时，后宫妃子们闲来无事便将心思花在衣着打扮与针织女红上，而花盆底鞋成为后宫女人们费心思的对象。据说，颇受乾隆宠爱的忻贵妃戴佳氏，就尤其喜欢在花盆底上做文章。戴佳氏的刺绣手艺很好，她所绣的丝帕、鞋面等物，是后宫公认的不可多得的好东西。

京城生活

一天，戴佳氏正在午睡，突然听到有人宣召，说要封他为"巧手娘娘"，并赐她纯金绣花针一枚。她醒来后果然看到枕头边放着一个红木盒，打开后，里面的确有一枚金绣花针。

用了这枚绣花针，戴佳氏绣出来的东西更加灵动，栩栩如生。一次，戴佳氏坐在窗前绣蝴蝶，觉得口干便叫宫女端来茶水，就在她喝茶的时候，一只蝴蝶从窗口飞入，落在她绣的蝴蝶旁边，不肯离去，宫女们看到了都觉得奇异，认为是个好兆头。

后来，戴佳氏身边的宫女给她出主意，让她用这枚绣花针绣出更多的蝴蝶、花朵、鸳鸯等，这样就能赢得皇上的心了。戴佳氏认为这个方法不错，于是就照着去做了。她先为自己绣了一副彩蝶牡丹的鞋面，当她穿着这双鞋在宫里散步时，看到的人都说仿佛是凌波仙子下凡。

很快，这双华美的花盆底鞋给戴佳氏带来了无限的风光与恩宠。不料，香妃来后分走了乾隆对她的宠爱，因为忌妒她多次口出恶言。一次，戴佳氏又在梦中听到宣召，因为她爱忌妒、太招摇，所以被免去了"巧手娘娘"的封号。从此以后，戴佳氏的绣工便大不如从前，而她只好对外说自己眼睛不舒服，不想再做刺绣的事情了。


# 马蹄袖有何来历


清朝的服饰有很强的民族特色，很多民族文化在服饰中都能有所体现。比如，马蹄袖就体现了满族的一种礼节。

马蹄袖，也称为"箭袖"，因为形状似马蹄，而满族又是一个马上民族，所以便有了这个名字。平日里，人们将马蹄袖挽起来，而在打猎、打仗、骑马的时候放下来，这样可以覆盖手背，保护人们的手，冬天还有防寒的作用。

作为善于骑射的民族，满族服饰中所拥有的民族特色几乎都与游牧的生产生活有所关联。虽然入关后，马蹄袖失去了实际的作用，但它却因被使用到一个行礼动作中而保留了下来。行礼时，人们将马蹄袖的"袖头"迅速地翻下来，然后行礼。

清朝定都北京后，这种礼节便不再限于满族，汉族人也以此行礼，以表示守礼。满汉两种文化也就是在这样的礼仪与服饰的融合之中，得以和平共处。

清朝的礼仪制度中实行的是"三跪九叩"。在行礼时，人们将马蹄袖翻下来，表示愿为主上效犬马之劳。但是，清朝有一个人，却敢于向这种"三跪九叩"的礼节说"不"。这个人就是清朝中期的进士汪德钺。他深得纪晓岚的青睐，被其认为是不可多得的人才。

但是，汪德钺天生一副傲骨，对清朝所制定的"跪礼"非常痛恨。他曾对纪晓岚说，作为一个读书人，每下跪一次就伤害一次尊严，这抹杀的不仅仅是士大夫的人格，还是人的刚正之气。在一次次的下跪之中，人就会变得奴性十足。当然，这种话他只和纪晓岚说过，而纪晓岚不但不责罚他，反而认为他卓尔不凡。

汪德钺不喜欢清廷的跪礼，当然也不喜欢马蹄袖，但是在朝为官，他又必须与马蹄袖为伴。汪德钺生性幽默，一次他对几个官员说："几位爷，瞧瞧咱们这马蹄袖，'吧嗒'一甩，再往地上一跪，就像牲口蹄子一样！"

马蹄袖衣服

一位大臣听了后说："在朝为官，做的就是奴才，朝廷的俸禄不是白给的！"说完，这个大臣就回家了。谁知，第二天他竟然没来上朝。后来听说，这个大臣回家后，当天晚上便趴在床头号叫，把全家都吓坏了。

这虽然只是民间传说，但展现了服饰对人的影响作用。

## 清宫贵妇头饰"大拉翅"是谁发明的

大家都知道清代贵族女子的头上都戴着一个花团锦簇、插着各种饰物的黑色"纸板"，而且上面的各类珠花钗钏所占的面积比例很大，给人一种雍容华贵的感觉。

这种装饰品被称为"大拉翅"，据说这种饰品是在晚清时候出现的，而它的发明者就是有"老佛爷"之称的慈禧太后。那么，慈禧是如何发明的这种头饰呢？

相传，一年春天，慈禧太后午饭后觉得困乏，便在寝宫里休息。她临睡前吩咐宫女点了一种有助睡眠的熏香。或许是太疲倦了，刚躺下，慈禧就沉沉地睡去了。

不知过了多久，慈禧太后觉得自己头脑清醒了。她睁开眼睛，正要责备宫女没有按时叫醒她，却发现自己所在的地方不是宫中。这里花团锦簇，香气宜人，满目皆是春色。慈禧高兴地说："这个地方很不错，不像那宫里，死气沉沉的。"这到底是什么地方呢？慈禧太后连声呼喊贴身宫女的名字，却没有人回应。慈禧想，既然这里景色这么好，不如四处走走。刚走没几步，她就听见不远处传来丝竹管弦的声音。

慈禧觉得这乐曲十分悦耳，便循着声音望去，只见一位身着五彩锦衣的美女在翩翩起舞，四周吹奏乐曲的女子长得也都很俊俏。这些女子看到慈禧后，便纷纷过来施礼。慈禧看这些女子举止不凡，也不敢怠慢。一番交谈后，慈禧才知道这里是瑶池仙境，眼前的这些女子都是此

处的花神，而刚才跳舞的女
子则是百花仙子。

慈禧平时虽是冷酷无情
的形象，但她也是个爱美的
人，很欣赏相貌出众、气质
不凡的人。她一见百花仙子
就打心眼里喜欢，尤其是看
到百花仙子的发饰，更是高

清宫贵妇头饰"大拉翅"

兴。这百花仙子梳着高高的发髻，发髻如同蝴蝶展翅一般，上面还点缀
着各种簪花珠玉，赏心悦目。慈禧于是暗暗地将这种发饰记在心里，准
备回去之后也按此将自己好好打扮一下。

醒来之后，慈禧才发现刚才是在做梦。她起身后没有忙着梳头更
衣，而是让宫女帮自己取来笔墨，将刚才梦中所见的百花仙子的发饰画
了下来，并命人按此制作。

起初，匠人们制作的发饰并没有让慈禧满意，后来经过不断改动之
后，才符合了慈禧的审美。于是，这种发饰便风行于晚清了。因为这种
发饰与蝴蝶张开的翅膀很像，所以起名为"大拉翅"。

# 敢穿皇帝衣服的女人是谁

在封建社会，皇帝被视为真龙天子，皇帝的服饰更是皇权的象征。
对普通老百姓来说，皇帝服装的颜色也是令人敬畏的，不能随便使用。
可是，清宫却有两个女人，她们本是冤家对头，却有一个共同的嗜好，
就是喜欢穿皇帝的衣服。

这两个女人就是慈禧与珍妃。乾隆时期，《大清会典》中已经明确
规定只有皇帝才能穿着龙袍，可是这个规定却被慈禧太后更改了。

京城生活

慈禧自十九岁进宫后，经历了咸丰、同治、光绪三朝，在她掌权的四十八年中，享尽了荣华富贵，甚至连最会享受的乾隆也被比了下去。她一生不仅权力欲极强，而且十分爱美。

咸丰帝驾崩后，慈禧便与恭亲王联合发动了"辛酉政变"，从顾命八大臣手里夺走了军政大权，从此开始了两宫太后垂帘听政的历史。

慈安太后（咸丰的皇后）对政治并不感兴趣，所以大清的政权最终就落到了慈禧的手中。手握大权的慈禧为了彰显自己的高贵地位，便在自己的衣服上绣上了象征皇权的"十二章纹饰"。十二章纹包括日、月、星辰、山、龙、华虫、黻、黼、宗彝、藻、火、粉米，具有深刻的寓意。在皇帝的龙袍上，左肩为日，右肩为月，前身上有黼、黻，下有宗彝、藻，后身上有星辰、山、龙、华虫，下有火、粉米。这十二章纹饰的发展历经了数千年，每一章纹饰都有独特的含义，象征着皇帝是大地的主宰。

慈安太后去世后，慈禧更是以"皇帝"自居，肆意妄为。据清宫史料记载，光绪十年，江南"三织造"就奉旨将慈禧所穿的衣服绣上十二章纹饰；光绪二十六年，分派下去"恭办"的丝织品中，就写着"皇太后御用：明黄江绸地绣十二章五彩云八吉祥加寿字五彩立水全金龙旗袍面一件……"从这些资料中可以看出，此时慈禧所穿的衣服已经和皇帝一样了。

慈禧还喜欢照相，从她遗留下来的照片中，也可以看到她所穿着的服装上带有龙的图案。慈禧的这种行为，无疑违背了大清的祖制，但是光绪看在眼里，也只是敢怒不敢言，毕竟慈禧大权在握。或许正是出于这种原因，光绪帝才放任自己的妃子穿着自己的龙袍与自己一起嬉戏。这个妃子就是珍妃。

光绪帝不喜欢慈禧为他挑选的隆裕皇后。隆裕皇后是一个外貌很丑陋的女人。选秀的时候，光绪没有看上她，可是在慈禧的威逼下，他不得不选她做了皇后。

如果说光绪帝有钟爱的女人的话，那一定是珍妃了。珍妃长相标致、性格活泼，从小就学习琴棋书画，接受新式教育。这对从小就在慈禧的专制掌控下长大，压抑惯了的光绪帝来说具有很大的吸引力，而且珍妃乖巧伶俐的性格也激起了光绪帝的生活热情，所以他对珍妃的一切要求都尽量满足。

珍妃进宫时才十三岁，天真活泼的她喜欢无拘无束的生活。这使得她的行为很容易触犯宫中制度。珍妃喜欢女扮男装，所以经常穿光绪帝的衣服戏耍，光绪帝并不责怪，反而觉得很有趣。可是，宫廷制度毕竟是无情的，一个妃子并不是想穿什么就穿什么的，即使是出于游戏的目的。很快，慈禧太后就听说这件事情。她勃然大怒，对珍妃实施"掌嘴"体罚。而这件事也为日后慈禧太后处死珍妃埋下了祸根。


# 旗袍起源于清代旗人吗


旗袍起源于清代的"旗人之袍"，因为最初是北方民族部落穿的长袍，为了起到保暖作用，这种衣服具有较高、较紧的衣领。

现代旗袍诞生于二十世纪初，盛行于三四十年代，很快就风靡全国。当时，上海是上流名媛、交际花的福地，她们热衷于奢华的生活和追求时髦，所以推动了旗袍的发展。因为上海一直崇尚西方的生活方式，所以后来便出现了"改良旗袍"。最终，旗袍从遮掩身体的曲线变成了凸显玲珑曲线美的时装之一。

关于旗袍的来历，民间流传着这样一个传说。

清朝入关后，统一天下，旗人的服饰也传入中原。当时，有一个叫黑妞的满族渔女，她皮肤虽黑，但富有光泽，人长得也十分俊俏，身材窈窕，有"黑里俏"的美誉。黑妞为了打鱼方便，就将原来宽大的裙子，剪裁成两侧开襟的扣裙便装。这样捕鱼的时候就可以将衣襟撩起来系在腰间，非常方便。

一天晚上，远在京城的皇上梦见先帝告诉他，镜泊湖旁边住着一个

中国风旗袍

身穿锦袍的渔家姑娘,她便是皇儿的娘娘。皇上醒来后很高兴,急忙派人去寻找。后来,黑妞就进了宫,成了娘娘。从这以后,八旗的女人们便纷纷效仿娘娘穿这种长衫,后来人们将这种长衫叫作"旗袍"。

可是,黑妞自小在湖边长大,自由惯了,即使皇上对她百般宠爱,也一直郁郁寡欢,愁容满面。而且,黑妞所受的宠爱也遭到了其他妃子的嫉妒,她们共进谗言让太后以改动祖宗流传下来的服饰为由,治她大不敬罪名,并将她赐死。皇上碍于众口悠悠,便将其召来,说要网开一面,将其贬为庶人,逐出宫去。

一想到可以回家,不用再被囚禁在深宫内院里了,黑妞万分高兴,匆匆下拜:"谢主隆恩!"脸上绽放出难得一见的笑容。然而这一拜一笑,却伤了皇上的自尊:作为一国之君,他日日苦思冥想,希望能博得红颜一笑,然而却始终不可得。如今要将她赶出宫去,她却笑得如此欢乐,根本没有把他这个皇帝看在眼里!大怒之下,皇上抬脚就朝黑妞踢过去,黑妞来不及躲开,心口正中一脚,当即香消玉殒。皇上追悔莫及,然而已经无力回天。唯一值得安慰的是,旗袍流传了下来。

# 老北京的瓜皮帽是怎么流行起来的

　　瓜皮帽是地地道道的汉族"土特产"。瓜皮帽真正的起源地是在南京，它在明太祖时期就已经出现了，当时叫六合帽。根据明人陆深《豫章漫抄》中记载："今人所戴小帽，以六瓣合缝，下缀以檐如桶，阎宪副尚友闳谓予言，亦太祖所制。若曰'六合一统'云尔。"由此更可以确定瓜皮帽早在明代时就出现，并流行起来。

　　据考证，清代时流行的瓜皮帽是由明代时的六合帽衍生而来的。清初年间，满族男子戴的一种帽子，叫帽头儿。这种帽子上尖下宽，底边镶檐或以缎包边，帽顶缀一丝绒结。起初这种帽仅在清朝的军队里流行，后来清政府要求不论满族还是汉族人都要戴这样的帽子。于是，汉族人也开始流行戴类似于帽头儿的六合帽。相传，一次康熙帝询问汉族的人们为何都将帽子以六瓣合缝。有位大臣解释道六合帽含有东、西、南、北、上、下六合一统的意思。从此，满族人也开始戴六合帽。之后，满、汉两族人帽子形式不断融合，产生了后来被人们所熟知的瓜皮帽。

　　另外，根据季节的不同，瓜皮帽的制材也不一样，通常分为缎制和纱制的。此外，帽子顶的样式也有平顶硬胎和尖顶软胎的区别。平顶硬胎的瓜皮帽是由硬纸板做衬，里面絮棉花；尖顶软胎的瓜皮帽又被称为"军机六折"，这是因为它不是由硬纸板做衬，不戴时可以折叠起来放入衣袋之中。

老北京的瓜皮帽

京城生活

# 老北京人戴的荷包有什么说头

荷包之前被称为荷囊、顺袋、茄袋。因古人的衣服上都没有口袋，一些随身携带的小物件都会放在专门的小袋里，谓之荷囊。最早的荷囊既可以背在肩上又可用手提着，后来发展到将荷囊系挂在腰间，俗称旁囊。

荷包最早的历史可追溯到唐代，在宋代才有了荷包的称谓。到了明、清时代，北京城内的一些富贵子弟都会将荷包系于腰间以作服饰之用。荷包内除了放银钱、扳指、玉佩等贵重的东西外，还可以放烟叶。荷包的造型有很多种类，有圆形、心形、方形、如意形、石榴形等，但其制材大都是丝织的。清代最流行的两种荷包分别是鸡心荷包和葫芦荷包两种。鸡心荷包因上大下小，形状像鸡心，所以叫鸡心荷包；葫芦荷包因上小下大，形如葫芦得名。另外，还有一种专门放香草的荷包，被称为香包、香囊。这种荷包是民间在过端午节时亲朋好友之间互赠的一种礼物，在包面上都会绣上蝎子、蛇、蜈蚣、壁虎和蟾蜍五种动物的样子。

在京城还有一条名叫荷包巷的街，据说当年宫中的宫女会把自己绣好的荷包，让太监拿到这里出售。这些精美的宫廷荷包受到民间人士的极大喜爱，荷包巷也因此被誉为"绣花大街"。

风俗文化

# 北京方言俚语传说

北京方言，亦称京片子。如今，全国通行的普通话就是在北京方言的基础上发展形成的。北京方言的来源很广，因为北京建都史长达数百年，人来人往，所以融合了各地的话，方言极为丰富。京味俚语还具有阶层性与行业性，如旧时厨行到办红白喜事的人家去准备席面菜馔，谓之"落作儿"；国药行将配方中的主要贵重药材加量，谓之"加料儿"。北京方言具有语言丰富、活泼，又有戏谑、粗俗等特征。

## 老北京话为何这么贫

老北京除了那些闻名于世的名胜古迹、特色小吃之外，还有很有味道的老北京话。那北京话是如何形成的？又有什么特点呢？

其实，现代全国通用的普通话就是在以北京话为代表的北方话的基础上形成的。北京是元明清三朝的都城，数百年来聚集了来自四面八方、五湖四海的人。尤其明清之后，到北京的外地人越来越多。清朝入关以来，关外的满族及其他民族也都向北京迁移。北京可以说是一个杂居之地。来自全国各地的人在这里汇聚、交流，语言上也必定会互相渗透，最终形成了独特的北京味道。

北京话听起来特别干净利落，不拖泥带水，这是它最显著的特点。如果问起外地朋友对老北京话有什么样的印象，恐怕很多外地朋友会说

"特别贫""嘎嘣利落脆"等。虽然这些答案五花八门，但是大家比较共同的看法就是：老北京话特别贫。

老北京话到底有多贫？可以说是谈正事时很贫，骂人时也很贫。北京胡同里的"片儿汤话"大师就是将老北京话发挥到极致的代表。相传，清朝时有一位"片儿汤话"大师曾经"忽悠"过一个企图害人的女鬼。到底是怎么回事呢？

清同治年间，太平天国起义前夕，北京城到处弥漫着紧张的气氛。不仅朝中的官员个个提心吊胆，京城中普通百姓也感觉到有大事要发生。不过京城中某家棺材铺子的年轻掌柜小林子因天性乐观，还像以前那样，有事没事总是臭贫。

一天，小林子从朋友家喝得醉醺醺地回来，他在胡同里东拐西拐像没头的苍蝇撞来撞去。这个时候，突然出现了一个俏丽可人的女子。这个女子虽然美丽，但其实是鬼魅所化，专门迷惑人。

小林子见对面来了个美丽女子，楚楚可怜的样子，顿时酒醒了七分。别看他平时没心没肺，却机灵着呢！他先"嘿嘿"了两声，然后说："难不成你也找不到家了？"女鬼向小林子解释说自己是如何被父母赶出家门、如何东躲西藏的。小林子说："既然姑娘无处安身，就来我家休息吧。"女鬼一听暗自得意，殊不知自己已经中了圈套。

小林子想起自家老宅子经常闹鬼，总是出现鬼魅伤人的事情。而且那老宅子卖不出去，也租不出去，所以一直荒废着呢。小林子就引着女鬼朝老宅子的方向走去，心想："反正都是鬼，你们可以比比谁更厉害。"为了不引起女鬼的怀疑，小林子就摆出一副酒色之徒的样子，一路上调戏女鬼。小林子说："我去年在满月楼包了一个姑娘，哎哟喂，那小姑娘儿，那肉皮儿，那脸蛋儿，那小手儿，真叫个水灵。啧啧，后来跟了我不到三个月，就被李家大爷抢去了。要说这老李家，跟爷抢女人，姥姥（不行、不服的意思）！"

女鬼听后，便迎合说："哟，您就别生气了。这不是还有我吗？您救了我，我做牛做马都愿意。"

　　小林子接着说："这世上像你这样的有几个啊？就说那醉春楼的妈妈吧，平时装得人五人六的，还挺像那么回事儿似的，其实满肚子幺蛾子、一肚子坏水儿！哪天爷给她一大嘴巴子，她才知道爷的厉害，才不敢搅和爷的好事。"

　　"还有我家隔壁的陈大麻子，哎哟喂，那叫个不着调哟！走在大街上瞧见个半老徐娘都能不错眼珠儿地盯着看。哪天爷给他一板儿砖，他就知道什么叫肝儿颤了，让他再找爷麻烦！"

　　"还有那老张家二小子的七舅母家的老小儿，我还明说了，他还甭跟我耍里格儿楞（猫腻）。早晚有一天，那小子也会有脚底下拌蒜的时候儿……"

　　说着说着，小林子就将女鬼带到了老宅子。他将女鬼引进去，嘴里还吆喝着："都给爷出来，有贵客到了！"

　　女鬼见这里满是荒凉，便问："这是哪里啊？"小林子答道："这是我家啊！你看，那边儿站的是李四儿，专门偷鸡摸狗；那边墙角儿站的是周六儿，最爱偷姑娘的衣裳，因为他是个老光棍儿！"小林子边说边一顿乱指，倒将女鬼吓得不敢动了！

　　小林子已经将女鬼镇住，抬脚便走。女鬼问："你要去哪里？"小林子笑着说："我去买些好酒菜，家里的这些兔崽子不会买东西，我不放心呐！小娘子先到里面休息，我去去便来！"说完，小林子就将老宅子的院门一关，一溜烟地跑了。那个女鬼在荒废的院子中转了半天，也见不到一个人影儿，这才发现自己被骗了。

　　小林子跑回家后，躺到床上便睡了过去。第二天醒来后，他向别人说起此事，邻居们都说他"又臭贫呢"。

# 老北京的儿化音怎么用

　　北京话的儿化音特别多，这是北京方言最明显的一个特点，没有了儿化音，北京方言也就失去了它独有的生趣。一般情况下每句话的最后一个字都后缀"儿"音，"儿"与前面的字连着读。比如，"今天"用北京话说是"今儿个儿"；"走跑"用北京话说是"颠儿"。

　　据专家们考证，北京话中的这种儿化音最早形成于清朝初期，它是受满族式汉语影响而形成的，距今大概有三百多年的历史了。尤其是清代的那些小说中随处可见儿化语，特别是《红楼梦》中出现最多。

　　虽然儿化音在北京方言中普遍流行，但是也不能到处乱用。北京一些地名就不能随意缀上"儿"，如天安门、故宫、东直门、西直门等，可是像西便门就可以说成"西便门儿"。可见，在北京的儿化音中是大有学问的，不能乱用，否则会闹笑话的。

　　为什么这些地方不能用儿化音呢？比如，北京的城门，在这些城门里只有东便门、西便门和广渠门可以加儿化音，其余的都不能加，而且王府中的大门也不能有儿化音。为什么呢？因为一加儿化音就显得小气了。

　　当说到院门时，可以加儿化音，如边门儿、前后门儿、旁门儿等，而作为地名的"前门""东直门""西直门"就不能加儿化音。比如，我们说要去前门等人，那意思是北京的地名；但是如果加了儿化音，说"去前门儿等人"，那别人就以为是你自家前门了。

　　其次，北京的各种"街"也不能加儿化音，如牛街、簋街、前门大街、地安门大街等，这些就不能加儿化音。

　　还有胡同一般都要带儿化音。但是一些带"房"字的胡同，就不能加儿化音，如油房、大小酱房等胡同。另外，寺庙也不能带儿化音，比

风俗文化

如火神庙、药王庙等。

总的来说，在说到大的区域性地名时，就不能带儿化音，而一些小范围的地名就通常要加儿化音。当然，儿化音的运用是老北京方言一种约定俗成的说法。所以，要鉴定一个人是不是老北京人，只要看他说的儿化音就能猜出来。因为用错儿化音而闹笑话的故事很多，但是也有人因为用错儿化音而躲过了一场灾难。

有一个山东商人到北京来谈生意，所以暂时借住在北京亲戚家里。这位商人平时喜欢喝酒逛街，所以到了北京后，并没有急着忙生意上的事。

有一女鬼见富商身体强壮，十分喜欢，就假装与富商攀谈起来，并约定子时还要相见。这个富商早被女鬼的媚笑所迷住了，马上就说："好，我在前门等你，不见不散。"女鬼妖媚地笑道："不见不散！"然后便离开了。

到了子时，富商走出房门，就在宅子的前门等候。可是等了多时，直到东方发白，也不见那女鬼。而那女鬼呢，子时到了前门等候，等了很久也不见富商的身影，于是恼怒地骂道："男人的话果然不能信！"

原来，富商说的"前门"是指自己住处的前门儿，因为没加儿化音，而被女鬼误会为城门的那个"前门"了。真是因为一字之差而捡回了性命！


# 北京话损人绝对不带脏字


老北京的俚语中，多数损人的话是绝对不带一个脏字的。这些话其实也算是诙谐地发泄情绪的一种方式吧！

当两个人互相看不顺眼时，往往会用一些含蓄、讽刺的方式来说出来，以解心头之恨。

一些形容人的北京话中，还富有文学特色，如果不了解一些典故，说不定还不明白说的是什么。

比如，说一个人疑心重时，往往会说"您属曹操的吧"；当形容一个人动不动就哭，便会说他是"属刘备的"；而在讽刺一个人小气、吝啬时，就会说他是"铁公鸡""瓷仙鹤""玻璃耗子""琉璃猫"，因为都一毛不能拔。

这些充满北京特色的方言俚语中，其实隐藏着皇城根儿下老百姓们乐观、直爽的性情。而这貌似不起眼的俚语中还蕴含着博大精深的传统文化，向我们展示着古都北京语言丰富、活泼的风俗民情。

# 老北京人为何说那么多客气话

到过北京的人都会发现老北京人平时说的客气话特别多。比如，两个人碰面，往往会问"您吃了吗"；在请人帮忙或行个方便时都会说一句"劳您驾"；初次见面时，会冲着对方抱拳说声"久仰久仰"等。这说明北京人礼数多，当然也有人向来不在乎这些。但可别小瞧这些客套话，有时候几句话客套话就能解决一件事情，化解一场灾难。

清康熙年间时，有一个叫"贺二愣子"的人来到京城做生意。"贺二愣子"的名字虽然不雅，但却很契合他本人的性格。他没读过书，不拘小节，但为人真诚，脑子也灵。抵达京城后，贺二愣子便四处打听火神庙。因为他老爹让他到京城后一定要先拜火神庙，然后再去拜东岳庙，虽然他不知道为何这么做，但还是按老爹的嘱咐去做了。

那天，贺二愣子急匆匆地在街上穿行，按照打听到的路线急速地向火神庙赶去。老话常说忙中出错，贺二愣子一不小心撞到了一个少年人。他将撞倒的人扶起来之后，便急匆匆地要走。这时，少年身边的侍从就不高兴了，说："大家瞧瞧，撞倒了人也不说声道歉，就这么走了，

风俗文化

· 187 ·

真不懂规矩！"

贺二愣子一听便怒火直烧，他横眉一挑，就冲着那人一顿骂。路过的人看到了都来劝架，贺二愣子发起倔来，将劝架的人也推倒了。大家一看这人如此蛮横无理，便要将他押到官府去。

其实，贺二愣子都不知道自己闯了多大的祸，他撞倒的那位少年可是一位贝勒。贝勒爷哪能受得了如此委屈，便将贺二愣子给绑走了，关进了官府大牢。贺二愣子进了大牢后，才知道自己太莽撞了。他对着火神庙的方向又拜又叩，说如果自己能平安出去，一定会到火神庙里供香。

当天晚上，一个面色通红的大汉出现在贺二愣子面前。贺二愣子以为来人是要杀他，没想到红脸大汉说起话来挺和气的。贺二愣子向他哭诉道："都怪我太莽撞了，闯了祸被关在这里。"红脸大汉说："这有什么可愁的，你记住我教给你的话，保准你没事。"贺二愣子一听能保住性命，急忙请红脸大汉传授自己方法。

第二天，贝勒爷亲自审问贺二愣子。贺二愣子一下跪倒在地，说："昨天的事都是我的错！还请大人多多包涵！小人初到京城，奉了家父的命令去火神庙祭拜。由于急于赶路，这才惊了贝勒爷的大驾！"

贝勒爷一听这人也不是那么蛮横无理啊，也许就是昨天赶路急，显得莽撞了些。也不过就是个做生意的，算了算了，于是就下令放了他。贺二愣子一听，激动地说："今日承蒙贝勒爷不杀之恩，贺某人定铭记在心。"贝勒爷一听，心情大好，说道："来人啊！送这位贺爷去火神庙。"就这样，贺二愣子不仅躲过了一场灾难，而且还被人送到了火神庙。贺二愣子满心欢喜地到了火神庙。当他一踏入大殿时，顿时惊住了，原来那个夜里出现在他面前的红脸大汉与火神爷是一个模样。

从老北京的客气话上，我们可以看出北京人对礼数的重视。现实生活中，很多时候也正是因为这些礼数而免去了一些麻烦。如今，许多人在遇到问题时，习惯讲狠话，如果双方都能客气点，各让一步也许就没事儿了。

# 老北京的歇后语有何特色

北京人爱说俏皮话，老北京话里的歇后语尤其风趣、幽默，令人印象深刻。比如，蜘蛛拉网——自私（丝）；外厨房的灶王爷——独座儿。

在老北京歇后语中还有一类，它们主要是引用人们耳熟能详的典故、传说等来比喻。如"刘备借荆州——只借不还"，用三国的典故来讽刺那些贪小便宜、借东西不还的人。

与北京城有关的历史人物可以说是不计其数，有的名垂千古，有的遗臭万年。所以，关于历史人物的歇后语也有很多。

关于慈禧太后的歇后语有这么一句：西太后听政——专出鬼点子。这句俗语形象地反映百姓们的心声。慈禧太后坏事做尽，真的是遗臭万年。所以，现在人们经常用这句俗语来形容那些经常出鬼点子，用不正常的手段在背后搞阴谋诡计的人。

同样是后宫中的女人，珍妃也是大家所熟悉的人物。她是光绪帝最宠爱的妃子，后来被慈禧太后以"莫须有"的罪名，当着光绪帝的面，丢进井里活活淹死了。在故宫的宁寿宫后院里，还会看见当年那口淹死珍妃的水井。后来人们为了纪念珍妃，就把这口井命名为珍妃井。于是，就有了"石头掉进珍妃井——不懂（咚）"这句歇后语了。这句歇后语以史为证，又利用石头掉入水井中发出的声音"咚"的谐音"懂"，来表达不清楚、不明白的意思。

老北京的歇后语不仅包含了历史典故，还囊括了一些有趣的传说，凸显了北京话诙谐、幽默、通俗易懂的特点。

比如，"二龙坑的鬼——跟上了"。在北京西城有个叫"二龙坑"的地方，这里距离前清郑王府不远。辛亥革命后，这座王府出售给了大学。据说，这里曾是一片荒地，很多贫苦人家死后，因为没钱办丧事，

风俗文化

189

就用席子卷了埋葬于此。因此这里被人们称为"烂死岗子"。民间有"二龙坑闹鬼"的各种传说。所以，人们夜里经过此地，必须三五成群地结伴而行，而且不能闲着，必须又唱又吆喝，以此来壮胆，其实都是自欺欺人。

再比如"东岳庙的匾——善恶有报"。东岳庙位于朝阳门外神路街，庙里供奉七十二司。凡是人间一切事务，都由这七十二司管理。人间的是非善恶全被这七十二司神灵看在眼里，善人必有善报，恶人必有恶报。

乾隆年间就有一个东岳大帝惩治人间恶霸的传说故事。那时，北京东城有一户姓叶的人家。叶家世代是书香门第，但到第四代的时候，这家的子弟中便没有一个品行端正的，都是酒色之徒。他们专门勾结贪官污吏，做些伤天害理的事情。最终，叶家老爷子被他们这帮不肖子孙活活气死了。

老爷子一死，这些子孙们更加肆无忌惮了。他们以叶家大少爷叶富贵为首，整日里喝酒逛茶楼，抢男霸女。普通老百姓们都惹不起他们，

二龙坑某处宅院

纷纷搬离了叶家附近一带。

一次，叶家的那帮暴徒将王老汉的大儿子活活打死了。王老汉去衙门申冤反倒被扔进牢狱里，关了十天。出狱后，王老汉便带着小儿子准备离开京城，投奔亲戚家。在经过东岳庙时，小儿子说要进去拜拜再走。王老汉却愤愤地说："如果东岳大帝开眼，这帮暴徒早就被处治了，哪还能让他们活到今天，祸害这么多人！"

这本是句随口说的话，却被东岳大帝听到了，不过他并没有怪罪王老汉，而是决定惩治叶家子孙。一天早上，叶家几个兄弟又在外面调戏姑娘。姑娘的老爹斥责他们说："你们干的这些事儿早晚会遭到报应的！"叶家的几个兄弟听了后不但没有住手，反而对老人一顿乱打，并扬言说谁要管闲事就杀了谁。老百姓们敢怒不敢言，就在他们为姑娘和老人担心时，突然天上传来一声巨响，叶家几个兄弟应声倒地，而姑娘和老人都得救了。与此同时，叶家另几位在家逗鸟喝酒的公子，不知什么原因，也倒在地上开始抽搐，不一会儿就死去了。叶家剩下的家仆，凡是作恶多端的必定丧命，而那些没做过坏事的也没有丝毫损伤。

老北京的歇后语还有很多，这些涉及历史典故、民间传说的歇后语在表达北京所独有的语言特色的同时，也让人们从另一个角度更好地认识了这座古老的都城。

风俗文化

# 北京节日习俗传说

　　中国传统节日习俗是由传统文化发展而来的，是中华民族灿烂文化的表现。一年之中，众多节日穿插其间，让生活多姿多彩。每一个节日都有相关的习俗和传统。北京作为历史悠久的古都，有其独特的特色。那么，这些传统节日习俗有何来历呢？

## 老北京人立春为何要吃春饼

春饼

　　俗话说"一年之计在于春"，立春作为中国传统节气之首，在民间有着极为重要的地位。在立春这天，老北京人讲究吃萝卜，谓之"咬春"。因为老北京人认为，在立春当天吃萝卜可以祛除春困。

　　当然，老北京人在立春时不单单吃萝卜，还会吃春饼。春饼与普通的烙饼有着很大的不同。春饼都是由烫面制作而成，不但烙出来酥脆可口，还

可以将饼从中间揭开，以便于在饼内夹上蔬菜和荤食。因为刚烙出来的春饼比较薄，又称之为薄饼。一些比较讲究的人家，还会到店铺里买专门烙春饼的锅。在吃春饼的时候也十分讲究，一般都会将春饼从中间揭开，在里面放上蔬菜和荤食。夹的蔬菜一般都是豆芽和菠菜，而荤食则比较多，有驴肉、熏肚、熏肘子、酱口条、酱小肚等。老北京人对春饼的吃法也很讲究，民间都说吃春饼是要有头有尾。何为有头有尾？就是先将春饼蘸上六必居的甜面酱，再将和菜包好，从一头吃到另一头。这就叫作有头有尾，寓意合家欢乐。

老北京人吃春饼的习俗，也不只限于立春当天。只要在春天，家里要是来了客人，都可以拿春饼来招待客人。

关于春饼的来历，北京民间还有一个有趣的传说。据说宋朝年间，一个叫陈皓的书生，有一个贤惠的妻子叫阿玉。两人情投意合，十分恩爱。陈皓因为专心读书，经常忘了吃饭。阿玉心疼丈夫，于是冥思苦想，最终想出了做春饼的方法。春饼既能当饭又能当菜，陈皓可以边读书边吃春饼，每顿饭都能吃得香，读书的劲头也更足了。

# 老北京人怎样过小年

腊月二十三这天就是人们通常说的小年。在过小年时，老北京人都有哪些习惯呢？

相传，每户人家供的灶王爷会在这天飞往天上，向玉皇大帝禀报人们的善恶。因此，过小年时老北京人都会祭灶、送灶。祭灶时人们会在灶王爷的贡台上摆上糖果、清水、料豆等贡品。然后再把糖用火烧化，涂在灶王爷的嘴上，希望灶王爷在向玉皇大帝禀报时多说好话。老北京民间有"男不拜月，女不祭灶"的说法，因此祭灶仅限于家中的男性成员。

祭灶后，等到黄昏入夜时，再进行送灶。送灶就是再次给灶王爷

风俗文化

上香，然后从神龛中请出灶王爷的神像，连同用纸糊好的纸马和喂马的草料一起放在院子正中间，点火焚烧。此时，家里的男性成员要围着火磕头。

除了祭灶和送灶之外，老北京人还会在这天剪窗花、贴窗花。人们会在过小年时，先将家里打扫一遍，然后剪窗花、贴窗花，以此增添节日的喜庆气氛。这些窗花图案样式多种，有植物形、动物形、人形，如喜鹊登梅、二龙戏珠、鸳鸯戏水、刘海戏金蟾等。

过小年时，老北京人还有"赶乱婚"的说法。何为"赶乱婚"呢？就是人们认为腊月二十三这天，所有的神仙都上天了，家里百无禁忌。不论是娶媳妇，还是聘闺女都可以在这天进行，谓之"赶乱婚"。

# 正月里为何要去白云观

北京白云观位于北京西便门外，是道教全真三大祖庭之一，也是北京最大的道观建筑，素有道教"全真第一丛林"的美誉，如今更成为中国道教协会、中国道教学院所在地。

为什么老北京人正月里喜欢去白云观呢？因为老年间那会儿，文化活动匮乏，而庙会那些天的民间技艺表演却特别丰富，所以很多人就会来游玩，真是"观前尘埃飞"，"人多曲巷填"。所以那个时候，过年去白云观，在北京人眼里是非常重要的一项过年活动。而且白云观庙会是从大年初一持续到正月十九，基本贯穿了整个年节。而且有一个很有趣的传说。话说正月十九，也就是庙会的正日子"燕九"的时候，全真龙门派祖师丘处机，会下凡来度有缘人成仙，甚至有缘相见者也可延年益寿，祛病消灾。

到了近些年，庙会期间最有趣的活动是山门"摸石猴"和窝风桥上"打金钱眼"。

白云观里面的石猴

　　白云观里的石猴有三只，但主要是摸山门上的那只石猴，因为另外两只隐藏在其他石刻中，不易找寻。传说人们摸了它可以祛病、避邪。游人们借摸石猴，为自己和家人祈求平安。

　　至于"打金钱眼"，其实还有一段故事：相传明代时，一个姓王的和尚，借助宫中太监的势力，在白云观的西边建了一座佛寺，取名"西风寺"，想用"西风"驱散"白云"。谁知白云观的道士们在山门后挖方池建石桥，但池中无水，只为用桥洞窝住西风，化"西风"保"白云"，逢凶化吉。后来又在窝风桥洞悬挂一枚大铜钱，方钱眼上挂一铜钟，香客以铜钱掷之，击中铜钟者，便为大吉大利。白云观从此香火更加旺盛。民间称之为"打金钱眼"，现在已经演变成一种民俗娱乐活动。

# 元宵节为什么要观花灯

　　农历正月十五日是我国民间影响极为广泛的一个传统节日——元宵节，又称 上元节。其他传统节日大多以家庭为单位，而元宵节则是一个全民同庆的狂欢节日，所以有闹元宵一说，不闹就不能称其为元宵

风俗文化

节。所以老北京最热闹的不是春节，而是元宵节。

正月十五看花灯。一到这天，老北京内外城最繁华的商业街就会挂起各式各样的花灯。长的、短的、圆的、扁的、宽的、窄的，有绢纱的、玻璃的、羊角的，还有的店铺别出心裁，打造冰灯，闪闪烁烁，煞是好看。花灯上画的图案也是五花八门，各尽其巧：有四季花卉、山川美人、名著故事，什么猪八戒背媳妇、赵子云长坂坡七进七出、真假李旋风，一个个形态各异，栩栩如生，真可谓是大饱眼福。

看花灯之余，还可以猜灯谜，灯谜多是根据汉字的形义、典故制成字谜。谜面文字洗练，谜底也不能是贬义。猜中的往往有店铺提供的奖品，多是糕点或是日用百货之类。

店铺会挂灯，还有店铺会卖灯，专门供赏灯逛街的人们提着。这样不仅有固定的灯，也有流动的灯，更增加了几分元宵赏灯的乐趣。

元宵节其实还有信仰性的活动。那就是"走百病"，又称"烤百病""散百病"，大多是妇女们结伴而行，或走墙边，或过桥或走郊外，目的是驱病退灾。

老北京人在元宵节这天还有"摸钉"这项活动。每到元宵节，妇女就聚集到正阳门，摸一摸正阳门上的铜门钉。因为"钉"与"丁"同音，而且在"正阳门"，所以此项活动意在祈求新的一年，家里人丁兴旺，最好生个男孩。

那么，元宵节观花灯的习俗是怎么来的呢？

相传，很久很久以前，凶禽野兽很多，到处伤害人和牲畜。于是，人们便组织起来共同对付它们。不料，天宫中的一只神鸟被不知情的人们给错杀了。天帝知道后，大发雷霆，下令让天兵天将于正月十五到人间放火，把人畜全部烧死。

天帝的女儿心地善良，不忍心看着人间受难，于是就冒着生命危险偷偷地下凡到人间，将这个消息告诉了人们。人们听说了这个消息后，吓得不知所措。

过了很久，有个老人想出一个办法，他说："在正月十四、十五、十六这三天，家家户户都要张灯结彩，点响爆竹，燃放烟火。这样，天帝就会以为我们都被烧死了。"大家听了纷纷称好，于是就分头行动了。到了正月十五的那天晚上，天帝往下一看，发现人间一片红光，响声震天，以为是大火燃烧的火焰，心中的气也就消了。人们就这样保住了自己的性命。为了纪念这次成功，后来每到正月十五，家家户户都悬挂灯笼、放烟火来纪念这个日子。

# 清明节是怎么来的

清明节起初并不是一个节日，因为与寒食节很近，所以逐渐地与寒食节合二为一了。在清明节这天，老北京人通常会祭拜先人、踏春、插柳射柳、去城隍庙求愿等。

祭拜先人是清明节最重要的习俗。这天人们会给自己的祖先牌位前摆上贡品，然后全家人磕头、上坟、烧纸钱。在祭拜完祖先之后，人们会选择出去踏青，因为清明节时正值春天，所以人们会在此时选择外出踏春。旧时老北京的交通并不发达，一般的百姓都会选择去比较近的地方，如西直门外高梁河畔、陶然亭和东直门外或者就近选择踏青的地方；大户人家会乘坐轿子，去较远的香山、八大处、潭柘寺等地赏景探春。

此外，清明节老北京人还有插柳射柳的习俗。柳被古人认为是春天的使者，插柳这一习俗盛行于唐宋时期，人们会用面粉制成燕的样式，蒸熟之后用柳枝串起来插在家里的窗户上，或者将柳条盘成一个圆形戴在头上。这些都有驱灾、保平安的寓意。射柳也是老北京人在清明节时一个重要的习俗。

另外，去城隍庙求签还愿问卜也是老北京人清明节时的传统。从明代到民国年间，北京城内有七八座城隍庙，城隍庙里供奉着"城隍爷"。

风俗文化

每年清明节时人们都会来到城隍庙里给城隍爷上香，祈求全家人平安无事。而这天城隍庙也会举办庙会，搭建戏台，请戏班来唱上几场戏。

这些都是老北京人过清明节的习俗，有些一直被流传下来，有些随着时代的变迁逐渐消失。

关于清明节与寒食节的来历，有这样一个传说。

相传，春秋战国时，晋国国君有两位公子，长子申生，次子重耳。国君的一个妃子为了使自己的儿子能够继承皇位，害死了太子申生，申生的弟弟重耳为了避难，带着部分大臣逃离了晋国。后来，他们在山中迷了路，几天都找不到吃的东西。重耳便绝望地感叹道："重耳饿死事小，只怕晋国的老百姓以后要受苦了。"

大臣介子推一听，觉得重耳在危难之中仍惦记着老百姓，将来一定能成为贤明的君主，便下定决心要助他登上王位。于是，介子推毫不犹豫地从自己腿上割下了一块肉，煮熟了给重耳吃。重耳知道后，感动得流下了眼泪，说："你这样的恩情，我该如何报答呢？"介子推回答道："我不求公子报答，只希望公子日后能多关心百姓疾苦，做一个英明的国君。"

十九年之后，重耳终于结束了流亡，回国当上国君，称晋文公。登位后，他封赏了流亡期间跟随他的大臣。因为介子推当时还乡探母，晋文公就把他给忘记了。直到有人提醒晋文公，他才猛然想起往事，心中愧疚，立即带人到介子推的老家绵山去探望。由于介子推避而不见，所以晋文公没有找到他的住处。

当时，有人献计说，介子推是个孝子，如果放火烧山，他一定会背着自己的母亲出来。于是，晋文公下令从三面烧山。结果，大火烧了三天三夜，也没见介子推出来。等火熄灭后，人们才发现，介子推背着自己的母亲被烧死在一棵柳树下。在介子推的尸体旁还找到一块衣襟，上面用血写了几行字：割肉奉君尽丹心，但愿主公常清明。柳下作鬼终不见，强似伴君作谏臣。倘若主公心有我，忆我之时常自省。臣在九泉心无愧，勤政清明复清明。

晋文公看后，郑重地将这片衣襟收入袖中，作为自己的座右铭。为了纪念介子推，他将那一天定为寒食节，昭告天下，禁止用火，寒食一日。

第二年，晋文公还率群臣到绵山祭奠。他们先在山下寒食一日，第二天才上山祭奠。到那里后，晋文公发现老柳树死而复活，长出了新的柳条。他心中忽有所感，便上前掐了一枝，编了一个圈戴在头上。随行的大臣看了，也纷纷效仿他戴上柳枝。晋文公还将那棵柳树赐名为"清明柳"，并将寒食节的后一天定为清明节。后来，清明节就成了人们扫墓、祭奠逝者的日子了。

# 老北京的端午节有什么特色

农历五月初五为端午节，老北京人俗称为五月节。在北京，端午节是一个大节日，与春节、中秋节合称"三大节"。因为这一天皇帝可以不上朝，老百姓要敬神祭祖，妇女可以带子女回娘家，朋友们还可以聚会，全城会呈现一番热闹的景象。

端午节始于春期战国时期，起源于江南。由来有很多种说法，最为普遍的说法是为了纪念楚大夫屈原。宋代时，屈原被追封为"忠烈公"，正式赋予五月初五纪念屈原的意义。

端午节这天全国各地都会吃粽子。但同样是端午节，各地的习俗却有所不同。这天老北京人除了吃粽子、插蒲艾，还有吃五毒饼、喝雄黄酒、"扔灾"的习惯。

根据有关专家说，旧时老北京的端午节从五月初一就开始了，一直持续到五月初五。在这五天里老北京人除了吃粽子、插蒲艾，还讲究吃五毒饼。所谓的五毒饼就是人们为了过端午节特制的一种圆形的饼，在饼面上印有蛇、蜈蚣、蝎子、蜘蛛、蟾蜍五毒的图案。据说吃了它可以增强抵抗力，灭虫免灾。

风俗文化

老北京人还会在端午节时饮雄黄酒。饮雄黄酒也十分有说头，因为到了农历的五月，天气渐渐变暖，蛇、虫、鼠、蚁都出现。人们认为蛇、蝎子等害虫可由雄黄酒破解，所以大人喝完雄黄酒后，还要蘸着雄黄酒抹在孩子的耳朵、鼻孔处，以驱邪避害。

"扔灾"也是老北京重要的端午民俗。节前，妇女用五彩绫罗制作成小虎、葫芦、樱桃、瓜豆、葱、蒜形状，用彩线串起来，于五月初一系在小儿的钗头或背上、胸前；小姑娘还用硬纸条折成菱形"粽子"，缠上五彩丝线，戴在身上，称为"葫芦""续命缕"。到了五月初五午时之后摘下来，连同贴在门楣上的剪纸葫芦揭下来，一起扔到门外，叫"扔灾"。五月初五这一天，妇女也要佩戴红绒花，到正午时分要把红绒花摘掉，扔在路边。据说这样就可以扔掉身上的晦气。

## 老北京中秋节为何要拜兔儿爷

中秋节是我国除了春节外又一个合家团圆的节日，又称为"仲秋节""八月节""八月半"。在民间传说，拜月是女人的事，因此老北京人又将中秋节称为"女儿节"。

说到中秋节，那必须要说一下月饼。中秋节吃月饼是全国各地的习俗。老北京人除了吃月饼、拜月赏月，还有供兔儿爷的习俗。

《北京岁华记》载："中秋夜，人家各置月宫符像，符上兔如人立。"月宫符像上印有月神与广寒宫中的金兔捣药图，俗称"兔儿爷马儿"。这兔儿爷就是街市上出

兔儿爷

售的兔首人身三瓣嘴、用黏土纸浆等制成的泥塑物。那么，老北京祭月拜月时为何要拜兔儿爷呢？兔儿爷又如何成为老北京过中秋时的神物与玩物呢？

自古以来，兔儿与月亮紧密相连。在远古时期，人们肉眼观看月亮，以为月亮里站立着一只兔子。或许也是如此，民间才把嫦娥奔月的神话故事与兔子联系在一起。相传，嫦娥为反抗无道的夏王太康，毅然抛弃丈夫后羿飞奔月宫，成为月宫之神。她在月宫里与活泼可爱、会捣药的玉兔相依为伴。

最早将中秋与嫦娥、玉兔等结合起来祭月拜月是在唐代。据说，唐玄宗于某年八月十五梦游月宫，遇到了一个捣药的白兔，看见了广寒清虚府，醒后还得到了《霓裳羽衣曲》……此后，宫廷与民间便开始盛行中秋祭拜月神、祭拜兔儿的习俗。

关于老北京兔儿爷的起源，民间艺人白大成说过："兔儿爷最早起源于明代，相传是由太庙里守庙的两个太监塔子和讷子做出的。他俩平时特喜欢戏曲，觉得玉兔的形象很可爱，闲时无事儿就使用黄泥巴仿照戏里的武将形象，捏了几个人身兔首的小玩意儿。这种泥捏的兔儿很快流传到民间，被市井艺人仿照并逐渐加工创造出形态不同的玉兔泥塑物。"

而兔儿爷的叫法与老北京对男人的称谓相关。老北京人称赞憨厚仗义的男人时常说"真够爷们儿""老爷们"等。这种尊称后来就被用在玉兔身上了，所以有了"兔儿爷"的称呼。

至清代，兔儿爷的制作越来越精致，也越来越有"爷"相，手艺人的大胆创作，也越来越引人喜爱，后来就自然而然地成了儿童的玩物。

风俗文化

# 立冬吃饺子的习俗是怎么来的

立冬是中国二十四节气之一，在立冬这天老北京人有吃饺子"安耳朵"的习俗。那么立冬"安耳朵"的习俗是怎么来的呢？

相传，在旧时北京城里有一位姓张的神医，他发现每年到了冬天，人们的耳朵都会长很多冻疮，于是他就将羊肉内掺入很多中药，再用面裹好，煮熟了给大家。因为吃了这种看起来像耳朵的东西，人们耳朵上的冻疮就会痊愈，所以留下了立冬这天吃饺子"安耳朵"的习俗。

旧时北京人立冬时，用的饺子馅是倭瓜馅儿。倭瓜算是老北京人的当家菜，直到现在很多住平房的北京人，还有种倭瓜的习惯。这种倭瓜馅儿的做法就是把夏天采摘好的倭瓜存放起来，等时间一长倭瓜被糖化了，正好在立冬的时候拿出来做倭瓜馅儿。在清代，立冬时宫廷还有吃涮羊肉的习俗，因为羊肉属温补，有利五脏，可以抵御冬天的寒冷。

# 老北京人过的青龙节是什么节日

老北京人过的青龙节就是二月二，这是民间的传统节日。

农历的二月初二，已经进入仲春季节，这时阳气上升，大地万物开始复苏，一些毒虫害虫随之结束冬眠，苏醒过来。人们在这天会祈求龙王降雨，并镇住那些有毒有害的虫子。有句谚语说："二月二，照房梁，蝎子蜈蚣无处藏。"所以在这天，老北京人还会点上蜡烛放在房梁之上，用来驱散家里的蝎子、蜈蚣等毒虫。按照习俗，在这天家里的女人们不能做针线活，怕伤了龙王的龙眼；在太阳出来之前不能到井里去打水，以免水桶砸伤龙头；人们在这一天都会去理发，寓意着龙抬头走好运。

因为二月二在老北京民间也算是重要节日之一，所以在这天人们还有吃面条、吃春饼、引龙熏虫、做爆米花等习俗。

有时老北京人还会吃猪头肉。在腊月二十三过小年时，杀猪炖肉后留下的猪头，会在二月二时拿出来祭祀佛祖。之后，人们再拿猪头肉当作下酒的小菜。

而关于吃爆米花的习俗，相传还有这么一个故事。武则天当了皇帝后，天上玉皇大帝认为这样会颠倒乾坤，就下令掌管雨水的龙王三年内不可降雨。可是掌管天河的龙王不忍心看到百姓受灾，就偷偷地降了一场雨。后来这事被玉帝知道了，就把龙王压在山下，并在山前立一块石碑。石碑上写有文字，意思是如果龙王触犯天条，要受尽千年之苦，要想重新回到天庭，除非金豆能够开花。人们为了报答龙王的恩情，在二月二这天，用玉米当作金豆，然后炒开花。从此，有了二月二这天吃爆米花的习俗。

青龙节年画

风俗文化

· 203 ·

# 北京红白喜事传说

北京的红白喜事是在满族习俗与汉族习俗的相互影响下，或是在汉族习俗的基础上加入满族习俗后而形成的。如今的红白喜事传统大多是从古代的民俗礼仪演变而来的，其中有不少封建等级制度的痕迹，也带有一些迷信色彩，因此，这些风俗习惯的背后往往都有一个说法、一段故事。

## 老北京人的婚配有什么礼数

旧时，老北京人在定亲之前必须要先议婚，所谓的议婚包括合婚、过帖和相亲三道程序。

议婚也叫议亲。在议婚的过程中媒人起着很重要的作用，男方会请媒人到女方家里问女孩的属相。人们通常认为女孩的属相直接关系到男方将来的命运，如女孩要是属虎就容易克夫。若男女双方属相相克，则不宜婚配。若是女方家里首先考虑结亲，也会请媒人到男方家里问男方的属相。

在问完属相之后，接下来就是合婚，即"开八字"。老北京人习惯男女双方各自拿着两人的生辰八字去命馆请阴阳先生合婚，然后再放在一起看是否一致。若是男女双方八字相合，接下来就是过帖。过帖也叫"过门户帖"，就是男女双方家人在一张红折纸上写自家宗亲三代人的名号、籍贯、官职、民族等。

过帖之后就是议婚的最后一步相亲，又称"看屋里""相门户"。双方的家人，主要是双方家长以串门的形式到对方家里看看，但结婚当事人当时是不能相见的。若双方的家人都很满意对方，便会再请阴阳先生写一份"龙凤通书"。在"龙凤通书"上写着男女双方的属相和生辰八字、婚礼的良辰吉日以及大婚当天的主婚人。

在旧时，老北京人十分讲究"门当户对"。尤其是清朝初年，京城里的满汉是不能通婚的。清顺治帝时才颁布旨意满汉两族可以通婚。光绪年间也曾有过这样的旨意。但实际上，清朝仅有汉族家世较好的女子出嫁给满族男子的情况，却几乎不会有满族女子嫁给汉人的情况。

# 老北京嫁妆有什么讲究

古时候，老北京城无论红白喜事都有一套说法，尤其是姑娘出嫁时的嫁妆很有讲究。嫁妆也被称为"妆奁"，是娘家在女儿出嫁前赠送的钱财物品等。

"妆奁"就是女子梳妆用的镜匣，也就是现在说的梳妆台，后来被用来特指嫁妆。妆奁是完全由女方家里装备的，一般都分为两部分：一份是由新娘的家长装备，谓之"攒妆"；另一部分则是由新娘的亲戚赠送的，谓之"添箱"。嫁妆的多少是根据新娘家境决定的。相对贫困的，嫁妆也就简单一些，通常是一对箱子、一对匣子、一对盒子。箱子里放的是四季换穿的衣物、鞋袜等，另外一个箱子里会放一些银钱；匣子里则放的是首饰、头花、汗巾等一些小物件；盒子里放的多是些食物，如甜糕、喜糖等。

相比之下，那些家里相对富有的，嫁妆就比较丰富，会送一些紫檀、红木制的家具，如八仙桌、琴桌、书桌、太师椅等。此外，女孩用

的胭脂水粉、旗袍夹衣、金银首饰自然也少不了。特别富有的人家甚至可以把地产、房产和店铺当作嫁妆。王府豪门嫁女儿时还有陪嫁的丫鬟和陪嫁妈妈。

不过，无论是贫是富，嫁妆中有一些东西是不能少的，那就是"子孙盆"与"子孙箱"。所谓子孙盆即是木制的大澡盆、洗衣盆以及尿盆，这三者合为一套，通称"子孙盆"。老北京女人出嫁三宗宝就包括子孙盆，其他两件为长明灯和夜净儿。"子孙箱"是用来放自己喜爱的物件与储蓄的钱财的，主要是希望箱子中的钱能像人繁衍子孙一样，越积越多。

最值得注意的就是嫁妆中不能有剪刀。因为剪刀意味着"分离、分开"，是婚嫁中很不吉利的东西。道光年间，就发生过因为一把剪刀而惹出人命的事。

道光年间，京城内有一大富商家的小姐王氏与姓李的高官人家的公子联姻。富商配高官，这本是一件很体面的婚事，可这对小夫妻却因为一把小小的剪刀闹了起来，最后王小姐还被活活气死了。究竟发生了什么呢？

王氏是家中长女，不但人长得俏丽，还擅长诗书，针织女红也很出色，不过因为养尊处优，脾气十分大。

为了将女儿体面地嫁出去，王家很早就开始准备了。无论是家具还是摆设物件，都选购最上乘的，而且给王氏准备的各种金银首饰、珠玉宝物更是数不胜数，其中最为珍贵的就是一对翡翠如意。这对翡翠如意不仅做工精致，而且上面还镶嵌着红珊瑚、祖母绿、玛瑙等，都是珍贵的东西。

古代，大户人家嫁女儿都会陪送一对如意，祝福新人吉祥如意。可是，不知道谁粗心大意，竟然将王氏平时做针线活儿用的剪刀给包进了妆奁里，谁也没有发现，如果有人及时发现，就不会发生后面的悲剧了。

择定吉日后，王家便将妆奁等物送到李家去了。直到成亲之后，也没人发现妆奁中的包袱里还裹着一把剪刀。

过了几天后，李家的公子说自己的一件褂子刮了个口子，于是王氏主动要为他缝补，也希望能展示一下自己的针线活儿，讨得丈夫的几句夸奖。于是，她请丈夫帮忙找针线。李家公子高兴地答应了，不料针线没找到，却在王氏的陪嫁的妆奁里发现了一把剪刀。

李家公子生气地斥问道："究竟是怎么回事？"王氏知道后大吃一惊，按照惯例，嫁妆中是不能有剪刀的。王氏慌忙解释说是因为家中忙乱，一时疏忽才落在里面的。李家公子根本听不进去解释，嘲笑王家连最起码的礼节都不懂。王氏在家中被父母宠着，自然不能忍受丈夫的斥责，于是两人就争吵了起来。

丫鬟、婆子闻声后过来劝解，但后来此事惊动了李家全族，当然也惊动了王家。双方互相指责对方的过错，险些动起手来，本来好好的婚姻就这样毁了。事后，王家开始追查剪刀究竟是谁放进去的，最终也没有查出个结果。

不过，值得一提的是，王氏的父亲曾与一个美丽的绣娘好过，后来他依靠绣娘提供的钱富起来后就把她给抛弃了。这个绣娘未婚先孕，羞于活命，最后用一把剪刀结束了自己的生命。

# 婚嫁时家里要怎样布置

在老北京流传有这样一首歌谣："大姑娘大、二姑娘二，小姑娘出门子给我个信儿。搭大棚，贴喜字儿。牛角灯，二十对儿。"从这首歌谣里可以看出老北京婚嫁时双方家里都有哪些布置：老北京人在结婚时，嫁娶双方家里都会搭喜棚、贴喜字。

王公将相的府邸里，有很多厅堂、亭榭之类的建筑。在婚宴上，男宾客可以到厅堂、亭榭里落座，女宾可以在内院休息。但一般人家住的多为四合院，四合院里没有那么多的装饰建筑，婚宴之上众多的亲朋好友无处落座。于是，男女双方都会在家里搭上喜棚，用来招待前来贺喜

的宾客们。

　　搭建好的喜棚就类似于楼台，有木质红漆的栏杆，栏杆下围以彩绘檐，四壁上安放透明的玻璃窗。一些比较讲究的喜棚可依原来的建筑在院落四周的房顶上接出一到两层，建成阁楼式。北楼用来招待宾客，南楼则请来戏班唱戏。除了搭建喜棚外，还要贴喜字。这贴喜字也十分讲究，女方家里要贴单喜字，而娶亲的男方要贴双喜字，寓意着"双喜临门"。除了在喜房里贴双喜之外，在之前送来的嫁妆上也要贴上双喜字，家里的窗户和街门两边都要贴上喜字。据说，这个双喜字，是由宋代的大文豪王安石发明的。当年，王安石在洞房花烛夜时又得知自己金榜题名，所以将两个喜字并排写上。后来这双喜字成为人们婚嫁时的吉祥符号，一直沿用到今天。

# 新婚后怎样"回门"

　　新婚后的第三天被称为"三朝"，在老北京素来有"三朝回门"的礼俗，就是新娘在婚后第一次回娘家。回门又被叫作"回酒"，是让新娘回家看望自己的父母，也给新郎一次回礼认门的机会。夫妻二人一起回门又称为"双回门"。老北京有句俗话说："回门不见婆家瓦。"就是说这天不到天亮，新娘就由娘家派来的人接回娘家。新郎或一同前往或待到天亮后再去。

　　到了女方家里，夫妻二人先到庙堂拜神、宗亲，之后再拜见父母以及女方家中的长辈，都要进行三叩首。平辈之间则相互作揖请安。娘家会在这天摆上两桌酒宴，一桌是由新姑爷坐首席，由男眷奉陪；另一桌则是新妇坐首席，由女眷奉陪。酒宴之后，夫妻二人还要到女方的亲戚家中进行回拜，新郎可以先行离开，让新娘一人在家里与父母及亲朋好友多聊会儿天。到了晚上，夫妻二人不能在娘家过夜，必须都回到婆家，谓之"双宿双飞"。

在新婚过后的一个月，新娘可以回到娘家住上一个月，谓之"住对月"。此后夫妻二人步入婚姻的正轨，除了逢年过节，新妇就不再轻易回娘家了。

# 什么是"倒头"

在许多地方都有这样的习俗：在病人还未咽气之前，将其从原来的床上换到另外准备的床板上。这种床板被称为"吉祥床"或"太平床"。在老北京的习俗里也有这样的做法，叫作"倒头"。

相传，如果临死之人没有"倒头"，死后就会背着炕走。这样对死者、生者都是很不吉利的。因此，老北京就有"倒头"的习俗，趁着病人尚未咽气时将寿衣换好，换到准备好的床板上，去世后再停灵几天。

"倒头"之后，还要准备一些东西。比如，有些人家用棉花捻成灯芯，浸入灯油中点着，这就是以前人们常说的"倒头灯"。相传，人死后会经过一个漆黑无光的幽冥世界。如果死者的家属不给死者准备"倒头灯"，死者就会因为看不清路而投了"畜生道"。

点好"倒头灯"之后，死者家属还要准备一碗白米饭，也就是所谓的"倒头饭"。上面还要插上三根三寸长的秫秸秆（去掉穗的高粱秆），每根棍的顶端还要插上一个面球，这被称为"打狗棒"。在米饭上还要放三个烙饼，人称"打狗饼"。

传说，阴间有"恶狗村"，那里的狗凶恶无比，经常扑食路过的新鬼。所以，死者家属要为死者准备好"打狗棒"与"打狗饼"来对付那些恶狗。不过，以前的王公贵族却没有这种礼俗，他们只为死者点起倒头灯，同时还燃香。

风俗文化

焚香设供之后，亲属就跪在地上，哀悼死者。同时，还要在灵位前焚烧纸钱以及纸元宝，这便是烧"倒头纸"。一些有钱的大户人家，还会用一种叫"灯花纸"的彩色棉纸捻成灯花。死者活了多少岁就要捻多少盏灯。这些灯花会被蘸上香油，再用铜钱压住后点燃。这些灯花要从灵床前一直摆到大门外边，这种"引路灯"也是为了指引亡魂顺利上路。

民间有许多关于"倒头"的传说，其中最有名的一个是与纪晓岚有关的。

据说，纪晓岚在写《阅微草堂笔记》时，一个友人家的仆人前来报丧，说主人因病突然去世，纪晓岚便急忙到死者家里吊唁。他的这位友人也实在很不幸，老来得女，不料女儿在三岁时又夭折了。不久后，伤心过度的夫人也去世了。可怜他祸不单行，老了又遭遇了各种家庭变故，原本丰厚的家业也没剩多少了。如今陪在他身边的只有一个年轻的仆人。

纪晓岚进了老友停灵的屋子后，感叹道，这年轻人真是没经验啊，没给主人"倒头"，就这么让他背着炕走了。这对死者来说是最不吉利的。纪晓岚不禁感慨："谁说好人一定有好报啊，我这个好友也是个菩萨心肠，可女儿与夫人先后弃他而去，之后又经历了这么多变故，现在

阅微草堂笔记

连为他操持丧事的亲人都没有了！也罢，操持丧事就让我来办吧！"他想，既然老友生前活得很痛苦，那么就为他办个风光的葬礼，不能让他到阴间也吃苦啊！

操持葬礼的第一天，纪晓岚忙得不可开交，其他一些朋友虽然也有来帮忙，但都不是用心去办。纪晓岚忙了大半天，觉得实在支撑不住了，便在停灵的房间里找了个角落。本想坐下来休息一下，不料一坐下便睡着了。

在梦里，纪晓岚看见黑白无常在好友的尸体旁边说话。他仔细一听，原来黑白无常是在感叹人生呢。白无常说："这位王先生也算是德才兼具的人，可为什么命运就这么悲惨。在朝为官，没多久便受不了官场上的排挤辞官了。真是浪费满腹才华了！"黑无常哼了一声说道："他上辈子就是背着炕走的，没人给他'倒头'，结果这辈子惨了吧。如今他死，还是没人给他'倒头'，恐怕下辈子还是吃苦的命。"

纪晓岚听到这里，不高兴了，说道："王先生做了一辈子的善事，即使没有'倒头'又如何？下辈子他一定会投个好人家，也一定会顺顺利利的。你们竟敢在这里胡说八道！"

黑白无常一看是纪晓岚，便急忙求饶，说再也不会乱讲了。纪晓岚接着说："现在，王先生的亡魂到哪里了？"黑无常说亡魂已经到了十殿阎君面前，并说王先生没有做过不道德的事情，在阴间一定不会有事的。白无常也跟着说，王先生来世地位必定显赫，官居一品。纪晓岚这才舒了一口气，说："既然如此，我就放心了，多谢二位了！"

为何黑白无常会怕纪晓岚呢？首先，他有一张能说会道的嘴。其次，他在写《阅微草堂笔记》时经常与冤魂野鬼打交道，他自然不怕这些。黑白无常也早就听说纪晓岚的"铁嘴铜牙"天下无敌。连阎君也要让他三分，他们当然不敢在纪晓岚面前"嚣张"。

一觉醒来后，纪晓岚对着老友的灵体说："王兄，你放心去吧，你的葬礼我一定为你操办好。"在纪晓岚等人的操办下，王先生的葬礼办得很风光，因为连乾隆都给他写了副挽联，据说还是纪晓岚"哄"着乾

隆写的。

葬礼后过了几天，纪晓岚做了一个梦，梦见他的老友前来道谢。他说他要投胎到一户贵族人家了，并感谢纪晓岚为他操办葬礼。醒来之后，纪晓岚感慨地说："没有'倒头'也能投胎到好人家的人也是有的，看来善恶还是很公平啊！"

## 旧时出殡为什么要扬纸钱

旧时老北京出殡时都要扬纸钱，这一风俗起源于清朝末年。在《旧都文物略》中有这样一段记载："舁殡出门，预上秫秸扎架，广方数尺，遍粘以纸钱，临起杠时，举火焚架，绷弓一断，喷出无数纸钱，借风空冲云际，谓之'买路钱'。近以火患预防，用人之手技持大叠纸钱，沿途掷之，其高骞数丈，散若蝴蝶，蹁跹回旋，纷然徐下。"由此可见，出殡时扬的纸钱不是用来祭奠死者，而是用来打发外祟的，也就是给死者准备的"买路钱"。

纸钱通常是用白纸裁剪而成的，也有用金色的纸张制成的。相传袁世凯在出殡时就是用的金色纸钱。纸钱呈圆形，中间有一方孔，直径约有三寸，用绳子穿成一串。老北京在出殡时，都是孝子在头，身后跟着一个专门扬纸钱的人。其人背着大串的纸钱，凡是在起杠、换杠、换罩或者过街口、庙宇、祠堂、水井、桥梁等地方时都会高高扬起手中的纸钱。扬纸钱也是一份很讲究且需要力气的活：先要将纸钱轻轻地揉开，在向空中扬起纸钱时，扬纸钱的高度要有四五丈高，在空中散开后，借助风力纸钱半个小时都不会落地。

在清末民初，有个扬纸钱的高手叫刘全福，因脸颊上长有一绺黑须，绰号"一撮毛"。他扬起的纸钱又高又密、铺天盖地，借助风力时，纸钱久久不会落地。后来，很多富有的大户人家在出殡时都会请他来扬纸钱。相对贫困的人家，是请不起专人扬纸钱的，会象征性地扬一下纸钱，但不论家境如何出殡之时都会扬纸钱。扬纸钱这一风俗直到现在还存在。

## 老北京人出殡摔吉祥盆有什么讲究

吉祥盆也叫阴阳盆，俗称丧盆子。老北京人出殡时都会摔吉祥盆。这所谓的吉祥盆，并不是一个真正的盆子，其实就是一个略有深度的小碟，在正中间有一个铜钱大的小圆孔。吉祥盆在出殡起杠之前就要摔掉。那么为什么要摔吉祥盆？摔吉祥盆又有哪些讲究呢？

相传，人去世之后到了阴间要喝一碗"迷魂汤"。因此，亲属就会为已故之人准备一个带孔的瓦盆，使迷魂汤从瓦盆中漏掉，再摔掉这个瓦盆。摔吉祥盆的仪式都是由打幡的长子执行，如果没有长子则是由家产的继承人来执行。旧时摔吉祥盆的人就意味着他会继承亡者的财产，经常会出现抢摔盆的情况。这时，为了能够让出殡顺利进行，则是由抬杠的杠夫用脚将吉祥盆踩碎，但千万不能用手摔盆。如果亡者没有留下任何家财，则由一晚辈用脚将吉祥盆踩踔，同样也不可以用手摔。

在摔吉祥盆时也不是直接将吉祥盆摔到地上，而是摔在一块专门的沙板砖上。在这块沙板砖的两头会贴上白纸，砖的其他位置要贴上蓝色的纸，做成一本书的样子。有的还在两头的白纸上画三条线，象征着三本书。一些家中经济条件不是很好的人，就不讲究在板砖上贴纸，只是用普通的砖块作为摔盆砖。

风俗文化

# 人死后为何会烧纸伞

参加过民间葬礼的人，一定对那些用彩纸糊成的车马、房屋、人物等各种随葬品印象深刻。而且，老北京葬礼上的随葬品中都有纸伞。有人可能会说，这是给亡者在阴间用的，就像纸房子、纸车子一样。为何民间葬礼上会有烧纸伞的习俗呢？这其中有一个传说。

旧时，人死后的"五七"，也就是过世三十五天后，就要到阴曹地府的第五殿阎君那里。这第五殿的阎君就是家喻户晓的包青天。因为他生前铁面无私、刚正不阿，所以死后成了第五殿的阎君。

包公一生没有女儿，所以很喜欢小姑娘用的花花绿绿的东西，比如绣花鞋、小花伞之类的。所以，如果亡魂用花纸伞掩盖住自己，就会使包公误以为是小姑娘，而不会严加盘查，顺利通过这一关。

但是，花纸伞也不是随便就备办的。这需要死者家里已经出嫁的女儿出钱请人糊一把花伞，而且还要插上五朵石榴花，送到坟地与其他随葬品一起焚烧。不过，这个办法也不是万无一失。据说有一个姓王的人就没有逃过包公的法眼。

姓王的这家有几亩田地，也有自己的宅子，还做着小生意，日子过得很惬意。但是王家人专横跋扈，经常欺压街坊邻居，所以远近的人都十分厌恶这一家人。

不过再厉害的人也逃不过一死，终于有一天，老王头儿病死了。虽然街坊邻居没少被他欺负，但碍于情面，还是去参加他的葬礼去了。

老王头儿的几个儿女完全按照丧葬习俗给父亲办了后事。该做的都做了，该烧的都烧了，从头七到七七，每一天都做足了场面，希望父亲到阴间能顺顺利利的。可是，王家的几个儿女经常梦到同一个场景：老王头儿在第五殿那里被打得皮开肉绽。

这究竟是为什么呢？原来老王头儿打着女儿烧来的纸伞到了第五殿阎君那里，正想趁包公不注意溜走，没想到却被一个响雷般的声音给叫住了。这声音命他报上姓名来，老王头儿见躲不过了，便将自己的姓名报上了。

包公听完后说了他很多生前做过的恶事，每一件他都反驳不得。包公怒斥道："如此一个贪婪、狡诈的人，一定是个黑心的人！"几名狱卒将老王头绑住后，果然是一颗黑心，于是包公就照例暴打了他一顿，算是对他前世的惩罚。

也许是亡父的惨叫声不堪入耳，老王家的几个不怎么善良的儿女突然变得和气了，不再欺压邻居了，而且还到处行善。可见，即使有人想用花纸伞遮住自己，逃过惩罚，在包公的公正无私下，也是很难行得通的。

# 老北京的供饭仪式有何说法

老北京的丧事上有很多讲究，有些仪式还十分烦琐，但即使烦琐也不能省略，比如供饭仪式。

供饭是在家停灵期间的一种祭奠形式。死者的家里无论贫富，每天都要供上两顿饭，就像死者在世时一样。不过，在给死者供饭之前要先给其开咽喉，否则亡魂是不能"进食"的。而且，开咽喉的人也不是随便找个人就行的，必须要请死者已经出嫁的女儿做此事。

那为何要开咽喉呢？按民间的说法，这是受了佛教的影响。佛教认为，凡是生前作恶的人，在死后一定会坠入三恶道中的饿鬼道。坠入其中后，亡者的咽喉闭塞，细如针管，不能进食，要受饥饿的惩罚。坠入饿鬼道的人主要是因为他们生前吝啬，而且做尽坏事，才有此报应。所以，民间传说人死后要变鬼，其咽喉一定细如针管，不能进食，这就需

风俗文化

要亲人为其打开咽喉。

关于开咽喉，民间有一个传说。明朝时，北京城有一个大财主，家里产业殷实，但十分吝啬，看到乞丐从来不施舍。有次，某座寺庙要扩建寺院，普通百姓都是或出钱或出力。只有这个财主家里不但分文不捐，反而说扩建寺庙影响他们家的气运，要寺庙赔偿他们。

虽然老财主如此黑心，但他的儿女却都很善良。几年后，吝啬的老财主病死了，他死后的面容狰狞。而且在头七的几天里，他的儿女们经常梦到他在阴间受苦，只见他喉咙细如针管，腹部特别肥大，但其他部位都是皮包骨头。

老财主一边哭，一边说，都怪自己生前太糊涂了，不肯帮助别人，还经常欺压别人，所以才沦落到这种地步，这也是自己的报应。这样的梦一连做了几天后，财主的儿女们便忍不住了。他们焚香供佛，到处做善事，希望用自己的善行超度坠入饿鬼道的亡父。后来，一位高僧听说他们的孝行后便给他出了一个点子：将死者的咽喉打开，这样他就可以吃供饭了。

老财主的儿女于是就按照高僧的说法去做，并继续念佛，希望能帮助父亲尽早脱离地狱苦海。这样过了几天后，他们梦到亡父来报喜，说自己吃到了家里的供饭，而且也因为儿女们的善心脱离了饿鬼地狱，要投胎到人间了。

老北京的供饭仪式说明人们心中存有一种人死如初生的观念。民间葬礼之所以要办得风光体面主要也是受此影响。

# 北京民间工艺传说

民间工艺品是劳动人民为适应生活需要和审美要求，就地取材制作的工艺美术品。北京的工艺品种类繁多，如宫灯、景泰蓝、毛猴、吹糖人等。它们既是文化艺术品，以其精湛的技艺闻名中外，也是日常生活用品，与生活息息相关，充分展现了老北京人多姿多彩的生活。

## 北京"毛猴"全身都是药材吗

说起"毛猴"，即使是老北京人，知道的人也不是很多。这是北京所独有的民间工艺品，产生于清末时期。但是由于各种原因，这种民间工艺品逐渐淡出人们的视线。现在，北京城里，毛猴的传人也就只有三四个，所以很多北京人也都没有听说过。

毛猴工艺品，主要模拟人的形态和生活场景，反映老北京的市井生活、风俗民情，有剃头的、掏粪的、卖糖葫芦的、算卦的，等等。有的呈现的是一组复杂庞大的情景，如"娶亲阵仗""县官出巡"等，很受百姓喜爱。近些年，毛猴的题材也在不断创新，除传统题材外，也有反映现代生活的。

毛猴的制作关键在于艺术家的巧妙构思。艺术家们凭借对社会各种人物形象的观察与认识，以物代猴，以猴代人，做成千姿百态的艺术品。那毛猴是用什么做的呢？其实，毛猴的用料全部都是中药。它的头

风俗文化

和四肢是用蝉蜕的头和四肢做成的，身体是用带绒毛的辛夷制作的。毛猴有时还戴斗笠，这斗笠也是一种中药，叫木通。把这些部分粘连在一起的东西叫作白及，也是一种中药。由此看来，这毛猴的创造者熟知中药，并与中药有着密切的接触。

相传，清同治年间，北京宣武门外骡马市大街有一家叫作"南庆仁堂"的药铺。一天，店中一个配药的小伙计，因为没有伺候好账房先生被狠狠地训了一顿。小伙计因为怕丢饭碗只好忍气吞声。到了晚上，他烦闷之中摆弄药材时，偶然发现蝉蜕具有某些形象特点，于是心中闪出用中药材塑造一个"账房先生"的想法。他选用辛夷做躯干，又截取蝉蜕的鼻子做头部，前腿做下肢，后腿做上肢，然后用白及一粘，一个人不人、猴不猴的形象便出现了。小伙计给师兄们看，他们都说很像尖嘴猴腮的账房先生。小伙计觉得十分开心，算是出了一口气。这就是世界上第一个毛猴诞生的过程。后来，毛猴流传在民间，被有心人加以完善，逐渐形成了一种深受老百姓喜爱的手工艺品。

清末时期工艺品毛猴

# 老北京捏面人与刘墉有何关系

捏面人这种手艺已经流传两三百年了。据说它和刘墉还沾点关系呢。刘墉在京城做官，但老家是山东的，自从他父亲做官后才来到了北京。所以，他家里的管家、仆人多数都是从山东带来的。他家厨房里有个大师傅，就是从山东跟来的，也姓刘。

有一年，他老家来了个人。此人姓王，四十多岁了，人称"老王"，因为家乡年景不好，想到京城里的刘师傅，于是就来投奔了。刘师傅孤身一人，住在刘府的下房里，老王来了也跟着住在下房，干些杂活儿。

一次，老王帮着揉馒头，干着干着就起了兴致，就照着山东人过年的习惯，将馒头揉成了各种形状。老王的手还挺巧的，团面在手里揉揉捏捏，一会儿捏个仙桃，一会儿捏朵花。他还能捏出形象生动的小鱼和蝴蝶，上锅一蒸，形状还不变，引得刘府的人都拿在手里反复观看，还有点不舍得吃了。刘墉也觉得很有趣，就问是谁做的，还夸赞了一番。

刘师傅回去跟老王说了。老王一听刘大人夸他，更来了精神，还想再露一手。于是他找了一些江米面、精米面和好后蒸熟，捏成了大丫头、胖小子、鸡、狗等各种形象，又用些胭脂和染料给这些小玩意上了一点色。这么一来，更加漂亮了。老王托刘师傅将这些小玩意分给府中的内眷们，这更引起了大家的称赞。刘墉也看到了，他也来了兴致，就把老王叫来要跟他聊聊。刘墉问他怎么学到这个手艺的。老王回答说："我们家乡穷。过年过节时走动，总得带点礼物啊。买不起点心，就用面捏成各种小玩意，蒸熟了当礼物，哄孩子玩的。"刘墉又问："为何要用江米面呢？"老王说："江米面不爱坏，给小孩子玩的东西得让他们多玩一些日子才好啊！"刘墉点头说："你想得挺周到的，还会捏别的样式吗？"老王说："不知大人想要什么样的？"刘墉指着墙上挂着的八仙祝

風俗文化

219

寿图说："这上面的人物你能捏出来吗？"老王认真地看了看说："可以试试。"

回到房间后，老王认真地捏了两三天，结果还真的将八个人物捏了出来。刘墉一看，一拍手说："老王啊，你不是想找个营生吗？我看你就做这个玩意吧。做好了，拿到大街上、庙会上去卖，肯定能赚钱啊！"老王吃惊地问："这能行吗？"刘墉点头说："可以试试啊！不过你要把面人捏得更精致一些。"他告诉老王，上面可以加些蜂蜜，可以保存得更久一些。他还教老王用各种颜料的水来和面，然后分别蒸熟。这样面本身就带有颜色，比捏好了再上色更加生动。

老王一听，恍然大悟，高兴得直给刘墉作揖。后来，老王就按照刘墉的法子去做，并下功夫琢磨怎样才能把人物捏得更像。他又试着做了几件工具，有了合手的工具，做起活来才方便。很快，老王的手艺大长，他捏了一套带色的八仙面人，用盘子端给刘墉看。这次捏的八仙面人要比上次更精彩了。八个人物，神态各异，再加上颜色丰富，显得活灵活现。江米面蒸熟后本身就发亮，又添了蜂蜜，简直就是半透明了，胜似那牙雕玉刻。

刘墉拿着面人端详了好久，连连赞道："妙，太妙了！"猛然，他想起一件事，皇上的寿辰就要到了。往年皇上庆寿，大臣们都纷纷献上贺礼，一花就是成千上万两的银子，刘墉为此事伤透了脑筋。他想，这次何不用面人作寿礼，好看又省钱。于是，他对老王说："你能不能将八仙人捏得更大些？""您要多大的？"刘墉比画着说："有尺把高就行。""好，我去试试。"

三天后，老王还真给捏出来了。而且还多捏了一个老寿星，九个面人摆满了一张大桌子，看上去十分精美。刘墉开心极了，告诉老王让他等消息，日后准让他出名。

到了皇上寿辰那天，刘墉让人准备了一个朱漆描金的大抬盒，将九个面人摆到里面，然后用大红绸子盖上，由两个人抬着进入皇宫。

见到乾隆后，刘墉行大礼拜寿。乾隆问他："你给朕带的什么礼物

啊？"刘墉笑嘻嘻地说："今年，臣的礼物与往年大有不同，请皇上观看。"他回身命人将大抬盒抬上前来，然后一件件地将面人取出放到旁边的桌上。在场的人都惊呆了，九个仙人栩栩如生，光彩夺目，盖过了所有的礼品。大臣们都不由心生疑惑：刘墉哪里有钱弄来这么贵重的东西？乾隆也忍不住问："刘爱卿，你这些东西花了多少银子啊？"刘墉笑着伸出一个巴掌，乾隆说："五千两？"刘墉摇摇头，然后说："白银五两！"

大家听到后，都惊住了，纷纷表示不信，乾隆也不相信。乾隆便问："你这礼物是玉的，还是牙雕的？"刘墉说："都不是，是用面捏的。"大臣们听了还是不信，刘墉于是请乾隆移驾来仔细观看。

乾隆上前仔细一看，果真是面捏的。他转头问刘墉："谁做的？手艺真是高超啊！"刘墉回答说："是臣的一个姓王的老乡。"乾隆笑了笑说："你们山东可真是出能人啊！你也真有办法，五两银子能买这么多礼物，朕就加倍赐还给你吧！"

乾隆看完后，各个皇亲贵戚、众大臣都纷纷围了上来，对着面人一通赞叹。有个人当即说要花大价钱买一套八仙给老娘作寿礼。

刘墉回府后，把老王叫来说："你现在已经是名声在外了，已经有人花大价钱要买你捏的八仙面人了。我把这万岁爷赏的十两银子给你，你到外面租个房子，大胆地干吧！"

从此以后，老王就成了专门捏面人的手艺人。手头上攒了一点钱后，他就将妻子、儿女接到了北京。除了捏八仙外，他还增加了许多人物，如美猴王、猪八戒、关公、张飞等，花样越来越多，手艺也越来越精湛。后来，老王就将手艺传给了儿子，还收了几个穷孩子做徒弟。捏面人的手艺就这样一代代地在北京传了下来。

# 景泰蓝是怎样诞生的

　　景泰蓝是北京一种富有民族特色的工艺品。它是一种将各种颜色的珐琅附在铜胎或青铜上，烧制而成的瑰丽多彩的工艺品。为什么会有"景泰蓝"这个名字？民间有这样一段传说。

　　据说，元朝初年，皇宫失火，许多奇珍异宝都被烧成了灰烬。皇上大怒，就拿宫女、太监出气，有的挨棍子，有的被砍头。皇上出够了气，又唤来一帮人从灰烬中搜寻宝贝。后来，有一个太监捧来一个瓶子，色彩斑斓，晶莹闪耀。皇上一见，紧锁的双眉就舒展开了。他询问左右，这是什么宝贝，怎么从来没见过啊！所有人都纷纷摇头，有人说可能是上天所赐。皇上对此物爱不释手，当即下令，调集京城的所有能工巧匠，限期三月之内仿造成，否则统统重罚。皇上的圣旨一下，急坏了京城里所有手工艺坊的工匠们。他们围着宝瓶，翻来转去看了半天，只见瓶子是用金银作胎，胎外裹着一层瓷釉，瓷釉间又有金丝缠绕。大家观看了很久，也没琢磨出来这个宝瓶是如何制作出来的！

景泰蓝大银兰低头马

　　一天，有位老工匠正紧盯着宝瓶琢磨时，突然，瓶子放射出五彩光环，并旋转起来，且转得越来越快。猛然，光环中显现出一个头戴珠翠、身着彩衫、脚踏祥云的美貌仙女。老工匠吃惊地看着眼前的情景，忽然又听到仙女用悦耳的声音说道："宝瓶如花放光彩，全凭巧手把花

栽，不得白急花不开，不经八卦蝶难来，不受水浸石磨苦，哪能留得春常在。"老工匠一时弄不清楚仙女在说什么，想问，却又发不出声音来。眼看着仙女一闪身就消失在光环中。他心急如焚，拔腿就追，只听见"哗啦"一声把身边的瓶子给撞倒了，吓出了一身汗。

睁开双眼，老工匠才发现自己在做梦。他赶紧将梦到的事情讲给其他工匠听。大家听了都觉得奇怪，于是就议论了起来。

有的说："这前两句是在夸瓶子好，那后两句是什么意思啊？"突然，一个机灵的年轻人说："仙女说的'不得白急花不开'，是告诉我们要有'白急'，这'白急'是什么啊？"这时候，老工匠恍然大悟，说："这好像是在说中药里的白及吧！"有人应和道："对，一定是。你们想，白及用水一泡，就跟胶似的，可以用来粘东西。我们为何不用它来粘接胎上的金丝？"

又有一名工匠问："那'不经八卦蝶难来'，又是什么意思呢？"这时候另一名工匠说："难道是告诉我们要像八卦炉炼仙丹那样炼出彩釉？"

老工匠若有所思地说："嗯嗯，应该是这个意思，你们想，这瓶子不就是从大火中找出来的吗？或许它就是用各种金银烧熔而成的。"

"还有那'水浸石磨'，应该就是告诉我们烧结之后，还要像琢玉一样，将它磨砺才能大放光彩！"

就这样，工匠们七嘴八舌得出了结论。之后，他们就将捡来的石头和金银铜铁锡的粉末放进八卦炉中，经过了七七四十九个时辰的冶炼之后，果真炼出了七彩釉色。然后，用白及把丝和胎牢牢地粘接在一起，终于制作出了宝瓶。

明朝时期，代宗朱祁钰非常喜爱这种工艺品，并下旨大量制作。因为当时正值景泰年间，产品又多以孔雀蓝色为主，所以这种工艺品就被称为景泰蓝。后来，这个称呼就一直流传了下来。

风俗文化

# 老北京人吹糖人儿的祖师爷是谁

糖人儿是老北京的一种传统民间手工艺品，也叫"稠糖葫芦""糖官人"。而吹糖人儿更是制作糖人的工艺中最复杂，也是最好玩的一项。

因为糖人儿不好保管储存，所以吹糖人儿师傅们都是肩挑挑子走街串巷地吆喝叫卖。挑子一头是一个带架的长方柜，柜子下面有一个半圆形开口木圆笼，里面有一个小炭炉，炉上有一个大铜勺，里面盛满了麦芽糖化成的糖稀。木架分为两层，每层都有很多小插孔，这样做是为了方便插放制作好的糖人儿。挑子的另一头也有个小柜子，柜面上放个圆转盘，上面画着一圈格子，格子里写着各种动物或人物的名字。圆盘转到哪一个，卖糖人儿的师傅就做哪一个。所以买糖人儿也叫"抽糖人儿"。

这玩意儿好看、好玩，玩完后还能吃。所以一般孩子都喜欢，见着就挪不动了，软磨硬泡，一定让家里大人给买一个。有的小孩图快，主要大人也不耐烦，就付钱买一个现成的；有的就指定形状或是"抽"一个，要求现做。这时，吹糖人儿师傅就会展现"吹"的技巧，而小孩子们就围一圈，观赏这有趣的糖人儿制作过程。

糖人儿有各种形状，最普遍的是十二生肖，但是最受孩子们追捧的是孙悟空。孙悟空做好后，要在猴背上敲一小洞倒入些糖稀，再在猴屁股上扎一小孔，让糖稀慢慢地流出来。下面用一个小江米碗接着，配有一个小江米勺，可以舀碗里的糖稀吃，最后是连糖人儿孙猴以及江米碗、勺一块吃掉。这套玩意儿被戏称为"猴拉稀"，因为最受孩子们欢迎，而且比较复杂，所以价格要比其他糖人儿贵一些。

据说，吹糖人儿的技艺产生于元末明初，而且刘伯温是这门手艺的祖师爷。相传，明朝的开国皇帝朱元璋，为了后代能稳坐皇位，就造

"功臣阁"火烧功臣。位列开国功臣的刘伯温，当时侥幸逃脱，并被一个挑糖担子的老人救下。之后，刘伯温开始隐姓埋名，并以卖糖为生。聪明人干什么都能干得漂亮，在卖糖的过程中，刘伯温创造性地把糖加热变软，然后制作成各种糖人儿，有小鸡小狗什么的，煞是可爱，小孩子争相购买。口口相传，结果许多人向刘伯温请教吹糖人儿的事情，刘伯温一一教会了他们。后来，这门手艺就一传十、十传百，传到现在，据说都有六百多年的历史了。

# 老北京的鼻烟壶有何故事

鼻烟壶是用来盛放鼻烟的容器。鼻烟最早是在明末时期传入中国的，鼻烟是一种烟草制品，经过加工转化，成为粉末状药材，鼻烟壶也就渐渐地发展起来。现如今吸鼻烟已经很少有了，但鼻烟壶却成为一种手工艺品流传了下来，并被誉为"集多种工艺之大成于一身的袖珍工艺品"。那么鼻烟壶又有着怎样的发展历史？

看过《红楼梦》的人应该都记得，在晴雯感冒后，贾宝玉拿了一个小瓶子让她对着瓶口闻了一下，晴雯之后便打了好几个喷嚏，立刻觉得舒服多了。那个瓶子就是鼻烟壶，里面装的就是鼻烟。鼻烟具有

老北京经典青花琉璃 鼻烟壶

治病通窍的作用。关于鼻烟，史料中有此记载："驱寒冷、治头眩、开鼻、无烦。烟火其品最为高逸。"

中国人开始吸鼻烟在是明代，但当时仅出现在广东沿海一带。清康熙年间，清政府开放海禁，西方传教士借此机会携带大量的鼻烟和鼻烟

风俗文化

225

壶入朝进贡给皇帝。

鼻烟是外来品，那它是怎么开始叫鼻烟这个名字的呢？一开始，鼻烟没有中国名字，而且汉语中也没有"鼻烟"这个词，所以鼻烟最初的中国名字是用鼻烟的外语音音译过来的。由于各国文字有所区别，所以，鼻烟音译过来之后，有各种发音，比如"布鲁灰陆""克伦士那乎""士那乎"。这几种发音中，"士那乎"比较简洁，所以皇家便称它为"士那乎"。

到了雍正时期，雍正帝觉得"士那乎"这个外国名听着很不顺耳，于是就根据鼻烟是用鼻子来吸的特点，将"士那乎"更名为"鼻烟"。从此，鼻烟便有了正式的中国名字。

到了乾隆年间，乾隆帝将鼻烟赏赐给王公大臣，吸鼻烟也就成为一种时尚。随着吸鼻烟的人越来越多，鼻烟壶的制造也就渐渐发展起来。起初并没有特制的鼻烟壶。在康熙年间，为了方便吸鼻烟，宫廷还创办了专门制造鼻烟壶的工厂。当时制作鼻烟壶的材料大多是铜胎、珐琅、牙雕等，开辟了制造鼻烟壶这项手工艺品的新种类。到了清咸丰、同治年间，官办的鼻烟壶很少用金属了，多为玻璃和瓷制的。此时民间作坊生产的鼻烟壶类型则比较单调，装饰鼻烟壶的图案多以戏剧情节、历史人物为主。清末时期，生产制造的鼻烟壶以玻璃制和水晶制为主，壶壁上的图案主要是人物、花鸟、山水等。

鼻烟壶的发展在北京最为盛行，因北京是明清两代的都城，同时也是鼻烟壶的发源地。随着历史的发展，鼻烟壶也成为老北京的一种手工艺品。

## 什么是雕漆

雕漆，又称剔红，与景泰蓝齐名，是著名的京城工艺之一。

雕漆的主要原料为漆。这里的漆是指的是从漆树上割下来的漆。这种漆具有防腐、防潮、抗氧化的作用，而且这种漆还可以入药，具有强健筋骨、调节经络、延缓衰老的作用。

雕漆的珍贵与它使用天然漆有很大的关系。一棵生长十六年的漆树，一年的产漆量只有两百五十克左右。而且一棵树每隔五六年就要休养一年。割漆是用特定的刀划开树皮，然后用小贝壳或者大树叶接着，一滴滴地接，然后再收到木桶里。所以，漆的产量极低，这就注定了雕漆的珍贵性。

除了制作原料珍贵外，雕漆的价值更体现在工艺上。雕漆的制作过程，简单来说就是在厚厚的漆层上进行雕刻。但是要想完成一件精美的雕漆艺术品，需要经过多达上百道的工序。粗略分一下，雕漆也需要十二道工序：制漆、设计、制胎、作地、光漆、画印、雕刻、烘干、磨活、抛光、做里、上蜡等。由于工序复杂，通常需要十几个人分工合作，才能顺利地完成一件作品。而且雕漆是以慢工出细活儿的精细作品著称于世的，一件中等大小的作品，大约要耗时一年。

漆器历史悠久，早在夏禹时代就已经使用，汉代漆器更是被作为日用器具。到了唐代漆器的制作有了很大的发展。雕漆曾一直是皇宫中的

雕漆牡丹花开盘

专用品，民间难得一见。改革开放以后，随着艺术品市场的复兴，精美的雕漆也越来越吸引人们的目光。

那么，雕漆是如何成为北京特色的漆器品种兴盛起来的呢？

明代时期，雕漆工艺发展很快，雕漆名匠世代相传。永乐年间，北京设有果园厂，是当时宫廷制作雕漆工艺品的官办手工业作坊。那里集中了来自全国各地的雕漆名匠，为雕漆工艺在北京的发展奠定了基础。从此，雕漆也作为北京的一种特色漆器品种而兴盛起来。

清代的雕漆精品大多产于乾隆与嘉庆年间。乾隆后，雕漆逐渐衰退，到了光绪二十二年，雕漆技艺几乎失传。后来，因为清宫需要修理雕漆工艺品，北京民间的雕漆工艺才又兴起。当时的一些雕漆名匠从清宫内的旧雕漆品上得到启发，又开起了雕漆作坊。

1914年，在美国举办的巴拿马国际博览会上，"群仙祝寿"雕漆大围屏获得一等奖，受到国际友人的好评。从此，北京雕漆便扬名国内外，一度出现繁荣的局面。


# 刻瓷有何来历


刻瓷，也称瓷刻，是以刀代笔在瓷器釉面上刻出优美的图画。据考证，东晋时期就有了原始的刻瓷，不过真正的刻瓷艺术是从明末清初开始的。

据记载，清初，民间便有了专门从事刻瓷的营生，但多数是以平刻为主，艺术表现比较单调，观赏性不高。一直到乾隆后期，朝廷特别设置了造办处，专门为宫廷制造工艺品。

清代文人墨客喜欢在瓷器上赋诗题文，于是能工巧匠使用工具在瓷器上刻画出轮廓外形。这样不仅便于保存，还兼有"金石趣"与"笔墨韵"。由于当时社会上的推崇，镌刻书法艺术取得了很大的发展，随后便开始有人用刀在瓷板或其他器皿上雕刻山水、花鸟、草虫等，且栩栩如生。从此，刻瓷便发展成了新的瓷器艺术。

光绪年间，著名刻瓷艺人华约三，在白瓷釉面上刻出山水花鸟诗词，让刻瓷艺术形成了独特的风格。光绪二十八年，顺天府承办清廷农工部工艺学堂，请华约三教镌瓷一科，收徒二十多名。北京刻瓷的名声便从这里逐渐开始传开。

当时，班里有两个学生，一个叫陈智光，另一个叫朱友麟。他们二人对技艺的追求同样执着，三年学徒，两人结下深厚的友谊，成为一生的挚友。

光绪末年，社会动荡，学徒期满后，一起学艺的师兄弟各奔东西。陈智光、朱友麟两人则一直在前门附近的一家瓷器店打工。陈智光擅长工笔，朱友麟专攻写意，两人琢磨着要在这刻瓷行内干出名堂来。

工欲善其事，必先利其器。钻石的硬度比瓷高，可以轻易在瓷器釉面上刻出划痕。陈智光与朱友麟二人受此启发，自己动手将半个米粒大的钻石破出尖来，镶嵌在一根细铜棍的顶端，做成了"钻石刀"。这种"钻石刀"刻瓷作画，走线灵动、流畅，能够达到普通工具所不能达到

刻瓷《一片冰心》

的丰富效果。后来，这套工具便成为他们兄弟二人的"独门兵器"。

陈智光、朱友麟二人共同努力了七年，可瓷器店的生意却不尽如人意。迫于生计，陈智光离开了瓷器店。之后，他做过邮政火车的押车员，后来又到上海从事象牙平刻工笔花鸟，并逐渐收徒授业。但刻瓷的手艺，一直没有外传。当时，留在北京的朱友麟名声日隆，逐渐成为北京刻瓷艺人中的佼佼者。他的作品在国内外获得了众多奖项，并且与张大千等国画大师进行广泛合作，创作出了一批精品。1935 年 12 月，北京出版了一部《旧都文物略》，刻瓷被包含在内。此时，北京刻瓷的名声达到巅峰。

1954 年，陈智光返回北京。1956 年，北京特种工艺工业公司建立工艺美术研究所，陈智光和朱友麟又都以刻瓷艺人的身份调到研究所上班。时隔四十多年，两位大师终于重聚。

如今，刻瓷在我国有了很大的发展。除了北京，山东、江西、上海等地方也有不少人在研究和从事刻瓷工作。


# 宫灯其实是贡灯


宫灯，又称宫廷花灯，是中国富有特色的传统工艺品之一。宫灯顾名思义是皇宫中用的灯，主要是以细木为骨架，镶上绢纱和玻璃，并在外面绘上各种图案的彩绘灯。由于它长期为宫廷所用，因此以雍容华贵、充满宫廷气派闻名于世。正统的宫灯造型为八角、六角、四角形的，各面画屏图案内容多为龙凤呈祥、福寿延年、吉祥如意等。

那么，北京宫灯是怎么来的呢？还得从这样一个故事说起。

相传，清雍正年间，藁城梅花镇屯头村有一个老汉姓张。他自幼心灵手巧，对民间工艺很有兴趣。平时，他闲来无事便进行研究探索，一次他在前人成果的基础上，创作出了一套制作灯笼的手艺。逢年过节，他便要做出两对儿绚丽夺目的灯笼挂在自家门口，为节日增添喜庆的气氛。每当这个时候，街坊邻居便被吸引过来，围观欣赏，甚至别的村子的人也都慕名而来，还有人提出要买他们的灯笼。后来，张老汉决定做几个灯笼来卖。起初，他做得很少，都供不上卖。后来，在他的指导下，老伴、儿子、儿媳妇，全家上下都搞起了灯笼制作，形成了生产灯笼的家庭作坊。很快，他家的灯笼就卖到了县城。

一次，恰逢县城大集，张老汉做了几对灯笼与儿子一起拉到了县城上去卖。这货摊刚一摆上，就有人把灯笼买走了。买走灯笼的人其实是游集散心的藁城县令。县令看到张老汉的灯笼后，心中十分喜欢，便差人将灯笼都买下了，挂满府邸，供自己观赏。这些灯笼个个精致，富丽堂皇，县令视其为宝，百看不厌。

这一年，又到了向皇上进贡的时候，送什么东西讨皇上欢心呢？正当县令为此苦恼时，师爷给县令出主意说不如送几对灯笼试试。县令有些不舍，但是为了取悦皇上，就只好忍痛割爱了。

六角宫灯

果然，这些富丽堂皇的灯笼被皇上一眼看中，龙颜大悦，重赏了藁城县令。第二年，皇上特别下旨，把藁城灯笼定为贡品，让藁城每年都要向朝廷进贡灯笼。因为藁城灯笼成了贡品，所以就被称为贡灯。后来，藁城贡灯便成了皇宫中的专用灯具。后来，人们便将"贡"字改为"宫"，于是就有了宫灯之称，一直沿用至今。

后来，全国宫灯艺人云集北京，形成了以宫纱灯为主的传统工艺。与此同时，北京民间灯彩的制作也很精美，北京灯市口曾有盛极一时的灯市。清朝末期，北京宫灯曾在巴拿马博览会上获得金牌。

## 北京民间的剪纸是怎么来的

剪纸是中国最为流行的装饰艺术之一，据考证其历史可追溯到 6 世纪。剪纸常用于宗教仪式、装饰和造型艺术等方面。

过去，人们常用纸做成各种各样的人像和物像，与逝者一起下葬或者在葬礼上燃烧，这种习俗在某些地方仍可以见到。另外，剪纸还被用作祭祀祖先或神仙所用供品的装饰物。

现代，剪纸更多用于装饰，用来点缀门窗、墙壁、镜子、灯等，也可为礼品作点缀之用，而且剪纸本身也可以作为礼物送给他人。

那么剪纸是如何在北京流行开来的呢？民间有这样一个传说。

清代，北京城有一户人家，只有两口人，一个是满头银发的老奶奶，一个是叫秀女的姑娘。这祖孙两个都是心灵手巧的人，几张纸到她们手里，很快就能被剪裁成活灵活现的花鸟鱼兽图样，所以无论是逢年过节还是平常日子，不断有人登门求讨。她们祖孙二人也是有求必应，后来就干脆以剪花样子谋生了。

秀女与老奶奶接触的差不多都是穷苦人。比如有些小伙子结婚了，没钱布置新房，她们就会给剪点纸花，贴在窗户上、门框上，铺在床铺上，粘在墙上，热热闹闹，显得十分喜庆，使新房一点也不显得"穷气"。有的姑娘做新鞋，她们就给剪点鞋样，绣在鞋面上，姑娘穿在脚上，走到哪里，都有人夸赞花样好。

在光绪年间的一天，朝廷下旨说要给圣母皇太后慈禧办六十大寿，京城内外都要进贡寿礼银，上下臣民在慈禧寿日那天都要穿上拜寿服。什么是拜寿服呢？就是以仙鹤和梅花鹿构成的"六（鹿）合（鹤）同春"图案的袍服。那个时代，老百姓们都不敢违抗圣旨，一时间，京城上下，许多绣花作坊都忙了起来。有钱的大户人家，为了讨太后欢心，找绣花工用金丝银线作图样，要求将拜寿服点缀得越华丽越好；一些小财主也想方设法地制作新袍子，撑面子，折腾得京城几十家绣工坊，以及小门小户零散的绣工，连喘口气的工夫都没有了。

这么一来，绣工钱也与日俱增，一天一个价码，越来越贵。俗话

剪纸六合同春

说："干土打不成高墙，没钱盖不起瓦房。"慈禧办寿，忙坏了绣工，更难住了千百户的穷苦人家。他们愁眉不展，怎么也筹不出钱来做拜寿服。有人说干脆溜出京城吧，到深山里去躲躲，可是更多的人还是舍不得离开家。秀女和老奶奶就是这样的人家。她们坐在家里发愁啊，眼看一天天过去了，也没有想出什么好办法来。老奶奶后来决定让秀女外出躲一躲。可是秀女又怎么忍心将老奶奶丢下不管呢？

有一天，秀女家突然来了一个漂亮的大姑娘。老奶奶看见了以为是来讨剪纸花样的。可还没问，她就恳求说："老奶奶，您行个好，施舍点吃的吧！"没等老奶奶开口，站在一旁的秀女就到灶房里，捧了两个窝头出来。那个姑娘倒是不客气，接过来就吃。老奶奶见她吃得急，怕她噎着，又去灶房给她烧水喝去了。正吃得香的时候，这姑娘抬起头笑眯眯地对秀女说："请再给我一块咸菜吧！"秀女一听，心想："是呀，刚才怎么就忘了给拿一块咸菜来？"她赶紧又去灶房拿咸菜。可是等秀女从灶房里回来的时候却发现这姑娘不见了。

秀女门里门外，到处找了找，没有发现人影。等她回到屋里时，发现桌上放着一件布袍子，就急着喊了一句："姐姐，你的衣服还在这儿！"由于声音大，连老奶奶都听到了。老奶奶一听那姑娘走了，还落下了一件衣服，说："秀女，你看那姑娘穿得太单薄了，你赶紧去追她去，把衣服给她。"老奶奶一边说着，一边和秀女出了门，一南一北分头追，追出了足足几里地，也没有找到。

她们回去后，将那衣服抖落开一看，原来是一件"六合同春"拜寿用的袍子！老奶奶夸道："这花样绣得还真不错啊！"一边说着，一边用手抚摸袍子上的绣花。等她们把袍子全打开时，两人全惊呆了，原来衣服上的花纹不是绣上去的，而是用花样剪纸贴上去的。

就在老奶奶心里觉得纳闷的时候，秀女兴奋得几乎要跳跃起来。她说："奶奶，我猜这姐姐一定是专门给咱们送'六合同春'拜寿袍的花样子来啦！"听秀女这么一说，老奶奶也恍然大悟："或许是天上的织女神仙下凡，来帮助咱们穷苦人的忙，解决咱们为太后办寿的烦恼。"

秀女听老奶奶也这么说，就更加高兴了，她兴奋地说："奶奶，既然姐姐送花样子来了，我们就照着花样子学。"于是，秀女与老奶奶就照着制作起来，没用多长时间，就做出了一件"六合同春"的拜寿袍。老奶奶让秀女穿在身上一试，还真看不出来图案是用针线绣上的还是用剪纸贴上去的。

后来，秀女和老奶奶用剪纸制作"六合同春"拜寿服的事情便在胡同里悄悄地传开了。一时间，北京城里不单是穷苦人家找上门来求做，甚至一些有钱的人也纷纷来定做拜寿服。

慈禧六十大寿那天，一些官员也穿着秀女和老奶奶精心制作的拜寿服到宫中祝寿，狡诈的慈禧都分辨不出袍子上的图案是用手绣的还是用剪纸贴的。由此开始，北京民间的剪纸艺术名声大振。


# 泥塑脸谱是怎么来的


脸谱就是假面具，源于古代祭神用的头饰，到西汉时期发展成为歌舞表演的道具，称为"代面"。后来，人们嫌代面过于呆板，无法突出舞台角色特征，而采用在演员脸上直接化妆的方法。于是，代面在演出中逐渐消失，除了用在少数的表演鬼神的剧目中以外，很大一部分成为儿童们的玩具。之后，泥塑脸谱又从玩具中脱颖而出，成为具有鲜明特色的艺术欣赏品。

北京的泥塑脸谱，就是民间泥塑脸谱与京剧脸谱结合而成的手工艺品。那么，究竟是谁把京剧舞台上的脸谱变成了泥塑彩绘脸谱的呢？关于这个，有很多种观点，比较流行的说法是"花脸桂子"。

相传，光绪二十五年前后，北京西城住着一位姓桂的满族人。此人能书善画，而且是京剧票友，专攻花脸，玩票时也自己化妆，因为有绘画基础，化出的脸谱常常令票友赞叹不已。后来，闲着无事，他就用胶

风俗文化

泥在仆人脸上做了一个脸型模子，然后在上面勾画出舞台脸谱，自己觉得不错，便送给亲友们观赏，亲友们见了都说好。

后来，一传十，十传百，上门求绘的人越来越多。因为桂子擅长画"净角"脸谱，俗称花脸，所以人们都称他为"花脸桂子"。

辛亥革命后，满族人享有的特权被取消。"花脸桂子"断了钱粮的来源，为了谋生，就开始做泥塑脸谱送到庙会上卖。刚开始，他只是送了十几个货样，托给李记杂货摊代卖。不料，很快就卖完了，之后无论送去多少，都能随时卖出，总是供不应求。李记杂货摊也因此得利，因卖泥塑脸谱在北京出了名。

由于泥塑脸谱很有趣，并且具有鲜明的民族特色，便以意想不到的速度在北京流传开来，众多闲人加入这一行当。北京城内又相继出现了一大批泥塑脸谱艺人，品种也由单一的花脸，发展成生、旦、净、末、丑，样样俱全。而且，这些艺人在长期的实践中又创造出了各自的泥塑脸谱风格，泥塑脸谱便迅速发展壮大。

# 北京休闲艺术传说

老北京人的休闲生活可谓是丰富多彩，从京剧、相声到皮影戏，再到养鸟、玩虫，还有那些天桥的把式。这些京味儿十足的休闲艺术承载了一代又一代人的生活故事，不仅让人体会到了古都所特有的历史魅力，同时也让人感受到了皇城根下的老百姓们所独有的豁达性格与生活情趣。

## 京剧是怎么形成的

京剧是地地道道的中国国粹，有"东方歌剧"之称，因形成于北京而得名。虽然京剧诞生于北京，但并不是北京土生土长的戏曲，它是在"徽剧""秦腔""汉戏"的基础上融合了"昆曲""弋腔"的精华，又结合了北京的语言特点，形成的一种曲剧。由于北京是全国的政治文化中心，所以京剧得到了迅猛发展传播。那么，京剧是怎样一步步成为如今的国粹的呢？

在清朝时，京腔并没有像现在这样流行，尤其是在乾隆年间昆曲受到大家的追捧，尤其是得到皇室成员的喜爱。但在乾隆五十年（1785年）昆曲的表演被朝廷认为是一种有伤风化的表演，于是昆曲被朝廷赶出了北京城，也就停止了在京城的演出。

在乾隆五十五年（1790年）徽班入京。其中以三庆、四喜、和春、

春台四家最为有名，有"京城四大徽班"之称。初期被京城人逐渐遗忘的昆曲也被徽腔融合进来了。到了乾隆末年，汉剧也进入了徽班。在从道光至咸丰年间，徽戏、汉剧、昆曲与京腔达到了最完美的融合，逐渐形成了一种新的曲调，即京剧。由于京剧不管在唱功还是表演形式上都远远超过了以往的曲调，所以很快受到了普通百姓乃至皇室的青睐。在晚清《同光十三绝传》中描绘的十三位享有盛名的京剧表演家也是在这一时期诞生的。他们算是京剧史上第一代有名的表演家。

到了民国年间，京剧得到了进一步的发展，并达到了鼎盛。在这一时期还诞生了"四大须生""四大名旦"。京剧发展到今天已有二百多年的历史，被誉为国粹并传播到海外各地。

## 京剧界"四大名旦"都有谁

京剧中的角色大致可分为生、旦、净、丑四个角色。其中，旦角尤为被人们所熟知。其实京剧史上的"四大名旦"更是家喻户晓。那么，京剧界的"四大名旦"都有谁呢?

京剧里的"四大名旦"说法最早源于天津的《大风报》中。这"四大名旦"分别是指梅兰芳、程砚秋、尚小云、荀慧生四位老艺术家。

梅兰芳生于北京，祖籍是江苏，梅兰芳的祖父就是当年被誉为"同光十三绝"的梅巧玲先生，梅家可谓是世代出身梨园（古代戏曲班子的别称）。梅兰芳自幼学习京剧，九岁那年拜师学青衣，十岁就登台演出了。梅兰芳最擅长的角色就是旦角。他通过长年刻苦学唱、练习，综合青衣、花旦、刀马旦的表演方式，创造了独具一格的"梅派"表演风格。梅兰芳以独有的表演风格、圆润的唱腔以及华丽的服装，被称为京剧中旦行的一代宗师。他还先后多次到国外进行演出，为中国京剧艺术的发展传播作出了卓越的贡献。

程砚秋是土生土长的北京人。他从六岁那年就开始学习京剧，起初他学的是武生这个角色，后来因为其唱腔极佳，又改学花旦、青衣。程砚秋十一岁登台演出，在演出后的业余时间里，他除了坚持每天练嗓外还学习了书法、绘画、舞剑。这样一来不但提高了自身艺术的修养，还为后来他进行戏剧表演和创作事业打下了坚实的基础。进入表演成熟期的程砚秋以自己独特的嗓音创立了"程派"唱腔。程砚秋是集演出、创作于一身的艺术家，他将自己的一生都献给了京剧艺术事业，可以说他对京剧的影响是相当深远的。

　　尚小云生于北京，祖籍是河北。他自幼学习京剧，起初习武生，后改学旦角。在他十一岁那年被评为"第一童伶"。尚小云以刚劲的唱腔和俊美的打扮而著名，后来逐渐发展出独特的"尚派"风格。尚派表演的特色就是常运用"文戏武唱"的方式，唱腔讲究抑扬顿挫、一气呵成。

　　荀慧生生于河北，从小学习河北梆子，在十九岁时才开始改学京剧。他将河北梆子等艺术形式很好地结合到京剧中，并创立了"荀派"。荀慧生比较善于扮演天真活泼的女性角色，且其嗓音也甜美委婉。

　　应该说，"四大名旦"都为京剧的发展传播作出了不可替代的贡献。

京剧生旦净末丑

# 老北京相声的祖师爷是谁

相声一词起源于宋代的"像生",原是指模仿别人的言行。在明代发展成为一种说唱艺术,被称为"象声"。到了民国年间,象声才成为一种单口笑话,并改名为相声。

相声吸收了口技、说书的艺术表演特色,在晚清时发展成为一种以讽刺笑话为主的艺术形式,并由北京很快传开并风行全国。据现有可查的文献,张三禄是京城说相声的第一人,算得上是老北京相声的祖师爷了。

张三禄是北京人,他最早学习的是八角鼓,并精通口技等曲艺。相声中所讲究的"说""学""逗""唱"四门基本技艺和"捧哏""逗哏"两大基本角色都源于八角鼓的艺术形式。根据《江湖丛谈》中的记载:"在那时八角鼓之有名丑角儿为张三禄,其艺术之高超,胜人一筹者,仗以当场抓哏,见景生情,随机应变,不用死套话儿,演来颇受社会人士欢迎。后因其性怪癖,不易搭班,受人排挤,愤而撂地。当其上明地时,以说、学、逗、唱四大技能作艺,游逛的人士皆愿听其玩艺儿。张三禄不愿说八角鼓儿,自称其艺为相声。"从这段文字记载中,我们可以得出,"相声"一词在张三禄演艺期间就已经存在了。他称得上是京城相声第一人。

不过,现代相声界一般认为朱绍文是相声的祖师爷。著名相声大师马三立活着的时候,也表示相声的"开山祖师"叫朱绍文。朱绍文算是中国相声史上第一位专业的相声演员。据说,对口相声、三人相声和太平歌词就是由他创造的。但是,在朱绍文之前,张三禄就已经在用"相声"这种形式的艺术谋生了。而且朱绍文虽不是张三禄的学生,却称张为"老师"。朱绍文有些东西就是从张三禄那里学来的。当时,张三禄

相声创始人——朱绍文像

是北京东城和西城的艺人头目。在他的照顾下，许多艺人得以在北京站稳了脚跟。所以说，张三禄在相声史中的地位是无法撼动的。

在张三禄等老一辈相声大师之后，民间又涌现了无数优秀的相声传承人，为相声的继承和发展做出了努力。

## 老北京皮影戏有多久的历史

皮影戏又称为"影子戏""土影戏""纸影戏"等，老北京人则称为"驴皮影"，是源于我国民间的一种傀儡戏。皮影戏在进行表演时，先用灯光照射用兽皮或者纸张雕刻成的各式各样的剪影，使影子映在幕布上，再由艺人在幕布后操纵剪影运动，艺人们在操纵皮影时还进行演唱和演奏。皮影戏受到地方戏曲的影响，因此，各地的皮影戏都有不同的剧种和唱腔，旧时的北京城中演出的皮影戏大都是京剧。

相传，皮影戏最早出现在秦汉时期，是一个叫李少翁的道士发明的。因当时汉武帝最喜欢的妃子去世，汉武帝终日郁郁寡欢，不理朝

风俗文化

政。为了能够再见到这位妃子，汉武帝便找来道士李少翁，让他做法招魂。李少翁只好夜里在宫殿内围上帆布，并在四周点上很多蜡烛，拿来事前用棉布裁剪好的那位妃子的形象，在纱布上映出她的样子。汉武帝看到布上的人影，觉得很像死去的爱妃，很是高兴。这可能就是皮影戏的雏形。

到了宋代时期，皮影戏已经十分流行，并有了专门为演出皮影戏搭建的戏台。明代中期，皮影戏从兰州、河北等地传入京西。到了清代皮影戏达到了鼎盛时期。起初由河北涿州等地传入北京的皮影戏被称为"西派皮影"，后来由滦州传入的被称为"东派皮影"。西派皮影不仅深受京剧的影响，还吸收了东派皮影的精华，逐渐演变成今天的北京皮影戏。

皮影戏不单单是一种古老的曲艺，其表演所用的皮影还是一种传统的手工艺品。皮影主要是以驴皮、马皮等一些兽皮制成，所以老北京人又叫它驴皮影。它的制作过程包括选材、雕刻、上色、涂漆等几道工序。

皮影戏表演起来生趣盎然，具有浓厚的乡土气息，至今仍具有强大的吸引力。

皮影

# 梅兰芳为何能成为京剧大师

说起京剧，人们就会不由得想起著名京剧艺术大师梅兰芳。梅兰芳原名梅澜，祖籍江苏泰州，出身梨园世家，自幼学习京剧，十岁登台，十四岁便小有名气。那么，梅兰芳是如何成为京剧大师的呢？这要从吉林富商牛子厚说起。

牛子厚是当时财力雄厚的大商人。他酷爱京剧，而且对京剧艺术也很有研究，宴请宾客时，总喜欢请戏班子助兴演出。1901 年，牛子厚为母亲办寿宴，专门请北京的"四喜班"来表演。在此期间，牛子厚与戏班子的文武老生叶春善交谈，说要出资办"科班"。希望由叶春善在北京招徒组班，然后在北京、吉林两地轮番演戏，活跃吉林的文化气氛。叶春善对此事十分赞同，回京后马上就组建了戏班子，并从牛子厚三个儿子喜贵、连贵、成贵的名字中各取一字，将戏班子命名为"喜连成"。

叶春善演技不凡，为人正直。他用心教育弟子，使得"喜连成"戏班很快声名远扬。当时，梅兰芳也在戏班子里学戏，他那时的艺名叫梅喜群。梅兰芳在戏班子里刻苦练功，颇受叶春善青睐。1908 年，叶春善率领"喜连成"班到吉林演出。当时牛子厚看梅兰芳功底深厚，气宇轩昂，便向叶春善询问梅兰芳的来历。当得知他是出身梨园世家，带艺入班，便嘱咐叶春善要好好培养，帮他早日走红。之后，叶春善特意安排年仅十四岁的梅兰芳饰演《白蛇传》中的重要配角——青蛇，结果梅兰芳的表演极为出色，令牛子厚非常高兴。牛子厚认为梅喜群这个名字不够响亮，于是为其改名"梅兰芳"，并大作宣传，使得梅兰芳一炮而红。

"喜连成"班在回北京的途中，梅兰芳受到热切关注，人们争相一

风俗文化

· 243 ·

睹当红名旦的风采。回到北京后，梅兰芳便一跃成为京剧名角儿。

梅兰芳成名后，仍严格要求自己，刻苦钻研京剧艺术。在他所表演的戏中，有不少女人吃惊的细节。为了表演好这一细节，他苦思冥想，反复演练。一天，他回到家中，看见妻子正在专心致志地整理衣服。他灵机一动，飞快地拿起身旁的一只兰花瓷盆狠狠地朝地上砸了下去。"啪"的一声巨响，瓷盆碎了，妻子惊恐地一回头。就在这一瞬间，梅兰芳捕捉到了妻子惊愕的表情。后来，他根据妻子当时的表情反复练习，将人物刻画得生动逼真。正是靠着对京剧艺术的不懈追求，梅兰芳创造了风格独特的"梅派"艺术。而且，他在表演上的精益求精，也促使京剧艺术日臻完美，为京剧艺术走向世界奠定了基础。

梅兰芳能成为京剧艺术大师，靠的不仅仅是高超的表演技艺，还有他对京剧艺术的热情。他三改《霸王别姬》就是最好的证明。

《霸王别姬》最初名为《楚汉争》，是"武生宗师"杨小楼的剧目，与梅兰芳无关。一次，梅兰芳听人议论，说楚汉相争其实并无是非可言，遭殃的是百姓，可怜的是虞姬，死得冤枉。梅兰芳觉得十分有理，便决定改编《霸王别姬》，以古鉴今。

戏本改编完之后，虞姬便成为一号人物。不过，故事篇幅长短与《楚汉争》一样，需要演两场才能完成。

一开始，梅兰芳请了内行、亲友、票友来看试演。白天看前场，晚上看后场，大家都没异议，只有一个既非内行也非票友的来蹭戏的人觉得太长。梅兰芳知道后赶紧过去请教，那人说看两场很累啊！梅兰芳觉得言之有理，便决定缩写《霸王别姬》。

缩写后的《霸王别姬》十分精炼，博得一片欢声，梅兰芳应该放心了。可是，他在演出的过程中发现第一排坐的一位老者看得不是很满意。梅兰芳下场后便吩咐管事的去打听这位老者，这可给管事的出了一道难题。幸好，在看另一出戏时，老者又坐在前排，梅兰芳赶紧吩咐管事的给老先生送去水果，并打听姓名与住址，说他要去拜访老先生。

改天，梅兰芳就去了老先生家。原来这位老先生姓朱，剑术不凡。他说梅兰芳的舞剑路数与尚小云的舞剑路数完全一致。尚小云是武生的底子，舞剑刚劲十足，不是梅兰芳能比得了的，而且虞姬是柔弱的女性，应以柔胜刚，整个路数都要改。梅兰芳听了连声道谢，回去之后，便重新编排，然后才形成了现在的路数。

从这些故事中，可以看出梅兰芳能成为京剧艺术大师，绝对不是偶然，靠的是他对京剧艺术的热爱与刻苦钻研艺术的精神。

# 老北京的"天桥八大怪"是什么意思

说起老北京的休闲生活，不能不说"天桥八大怪"。

"天桥"指的是过去横跨在东西龙须沟上的一座桥梁。在元朝时，位于元大都的南郊，明朝嘉靖年间，北京修建外城，此处成为外城的中心地段。明清两代皇帝，去天坛或先农坛进行祭祀活动时必经过此桥，所以天桥由此而得名。从清末到民国初年，天桥渐渐成为艺人们卖艺和小商小贩们摆摊的闹市，在这里形成了民间艺术与集市贸易的中心，成为平民游乐的重要场所。但在 1934 年北京城道路改建时，这座桥被拆除。

过去，天桥那里的市场生意十分兴隆，是汇集了茶馆、戏院、餐馆于一身的休闲娱乐的场所。逛天桥成为老北京人乐此不疲的一项娱乐活动。在天桥上也承载了不少老北京文化，如著名的"天桥八怪"。

"天桥八怪"指的是社会底层文化的创造者。他们或身怀绝技、技艺超群，或相貌奇特、言行怪异，给人印象深刻。他们表演的目的其实就是为了维持生计。

老北京人在闲散之时，总喜欢约上三五好友一起逛天桥去。那么，"天桥八大怪"都有谁呢？

风俗文化

"穷不怕"，原名朱绍文，清同治、光绪年间在天桥卖艺。他以说单口相声为主，也会唱。上地时带一副竹板，板上刻着一副对联："满腹文章穷不怕，五车书史落地贫。""穷不怕"的艺名即由此而得。每天上地开说之前，他先用白沙子在地上撒字。他常撒的一副对联是："画上荷花和尚画，书临汉字翰林书"。他不但撒的字潇洒漂亮，说的段子也都是自己编撰的。

"赛活驴"，原名关德俊，他经常观察小毛驴的动作，体验形象，因此在台上把小驴演得活灵活现。他有个驴型道具，是用黑布制作而成，驴头描绘得很细腻，穿在身上栩栩如生。表演时，在场子中摆上三层三条腿的板凳搭成的"旱桥"。然后他的妻子关金凤化了妆后骑在驴背上，走在"旱桥"上表演各种难度较大的惊险动作，其高超精湛的"驴技"，总能成为全场最动人心弦的精彩环节。不少人就是为了看小驴才去听戏的，无怪乎成千上万的观众送给这位"驴技"鼻祖恰如其分的绰号——"赛活驴"。

"程傻子"，真名叫程福先。他驯养了一只狗熊，表演时总会先耍狗熊后顶碗。这狗熊体型肥大，性情凶悍，但对主人程傻子却俯首帖耳，表演的招式也很逗人。这只狗熊会逐一表演作揖、磕头、直立行走、前掌摇铃模仿算命先生或江湖郎中、钻竹圈、蹬木球、耍扁担等等。耍完狗熊后，程傻子便开始表演顶碗。他用十三个大小不等的瓷碗，一个个往上摞，从下往上，越来越小，远远望去，就像十三层的玲珑宝塔一般，令在场的观众无不惊叹。顶碗之后，他还要做出倒立、卧鱼等高难度的动作，博得欢呼声一片。

"蹭油的"，原名周绍棠，东北人，个子不高，身材瘦小，脑袋扁扁的，一双小眼睛总是眯着，一双外八字脚。他在天桥上靠卖自制的去油皂为生。二十世纪三四十年代的各类报刊上，都报道过他的事迹。他经常手里提拎着一个小铁匣子，里面装满了药皂，边走边唱："蹭啊，蹭啊，有油蹭蹭就干净啊！蹭啊，蹭啊，不管你沾的什么油啊！香油、豆油、酱油加煤油，沾在衣服上多难看啊！给你蹭，包干净啊！"

"曹麻子"，本名曹德奎，因为长了满脸麻子，所以都叫他曹麻子。他在天桥上表演说唱滑稽数来宝。他的表演很有特色，是三个人合演，他与两个徒弟一问一答一和，相得益彰。为了吸引观众，他们都化上妆。曹德奎头上系着一根窄带，后面绑着一个小铜球，头一动，小球就晃来晃去，看上去十分滑稽。徒弟们脸上涂着白粉，左手打板，一句接一句地唱，总有新词，唱的内容俗不伤雅，没有荤口，人人可听。他所编的段子多是针砭时事，揭露

天桥八大怪——曹麻子

社会的。比如《骂摩登》中这样唱："毛竹板，响连声，尊声列公听一听，现在也把世界换，种种样样不如先头，摩登士女不一样，男女都把烟卷抽，中华女子剪了发，满街跑的和尚头……"唱词风趣泼辣，一针见血。曹德奎单靠说唱的本领就在天桥上红了几十年。

　　"盆秃子"，真实姓名已经无从得知。因为他在天桥敲瓦盆儿唱小曲儿，再加上他的秃顶，所以被称为盆秃子。他有两个明显的外貌特征，一个是秃顶，另一个是走路时一拐一拐的，就像八仙中的铁拐李。盆秃子表演时拿着一个大瓦盆，用一双筷子敲瓦盆的不同部位，然后会发出不同的响声，再加上随口编的词曲，抓哏博人一笑。盆秃子击打瓦盆儿的声音与他所唱的抑扬顿挫的小曲儿十分应和，而且还颇有些古之遗风，很有味道。

　　沈三，表演的是气功和摔跤。他身体健硕，武艺不凡，最拿手的节目是"双风贯耳"和"胸前碎石"。"双风贯耳"就是在太阳穴上砸砖，将一块新砖头平放在地上，然后用太阳穴的部位去枕，另一侧的太阳穴再盖上三块新砖，然后另一个人拿着铁锤猛击三块砖，结果砖头全部粉

风俗文化

碎，而脑袋却丝毫未伤。"胸前碎石"是放两条板凳，相距三四尺远，后背枕在一条板凳上，双脚放在另一条板凳上，然后将一块石磨放在胸上，另一人用铁锤猛击石磨，最后磨盘碎了，人安然无恙。另外，沈三的摔跤功夫也令人佩服。

"小云里飞"，原名白宝山。他是老云里飞白庆林的长子，初名草上飞、壁里蹦。云里飞的跟头翻得最好，而且很有特色。他翻跟头时用头点地，一翻就是四十个。云里飞继承父亲的表演摊子，表演"滑稽二黄"。这个表演的行头很奇特：用大纸烟盒当乌纱帽，用长头发系在细铁丝上做胡子，用粗铁丝粘上鸡毛作雉翎，用系上红绿绳的芦苇做马鞭子。戏服更简单，大褂子不扣钮，就算是戏服。他还带着五六个伙计，每个都是全才，生、旦、净、末、丑外加跑龙套，很吸引人眼球。云里飞还有两个绝活儿：一个是把舌头伸出来，"啪"的一声贴到鼻梁上；二是能将耳朵拧巴拧巴塞进耳朵眼里，过一两分钟，说声"出来"，耳朵就马上张开来。

以上便是天桥八怪的一些故事。其实，在天桥这块宝地上，还有许多像这些"怪"一样的艺人，比如"断石傻王""拐子顶砖""黄瓜种""张狗子"，等等。他们如八仙过海般各显神通、各练绝招，在北京近代民间艺术史上留下了令人难以忘怀的一页。

有人还将天桥八怪按年代顺序分成三代：其中出现在清末咸丰、同治、光绪年间的被称为第一代"八大怪"，他们是穷不怕、醋溺膏、韩麻子、盆秃子、田瘸子、丑孙子、鼻嗡子、常傻子等八位艺人；第二代"八大怪"出现在辛亥革命后的北洋政府时期，有训练蛤蟆教书的老头、老云里飞、花狗熊、耍金钟的、傻王、赵瘸子、志真和尚、程傻子；第三代出现在20世纪30年代到40年代，有云里飞、大金牙、焦德海、大兵黄、沈三、蹭油的、拐子顶砖、赛活驴。

新中国成立后，天桥艺人也和广大劳动人民一样成了国家的主人，参加了各种文艺团体。

# 北京评书是如何形成的

评书是一种流传于北方地区的说书艺术。评书虽然是一种口头讲述的表演方式，但其很多艺人都是从"唱曲"行转变过来的，如老北京评书艺人王鸿兴以前就是表演"弦子书"的"唱曲"艺人。

北京评书的表演形式，早期为一人坐在桌子后面，以折扇、醒木为道具，身穿长衫。到了20世纪中叶，逐渐变成站着说演，服装也不再有要求。传统评书的表演程序一般是先念一段"定场诗"，或说段小故事，然后再进入正式表演。正式表演时，主要是叙述故事，讲评人情事理。可以说，北京评书是中国评书艺术的代表，是最富有中国美学特色的艺术类型之一。

相传，评书早在东周时期就已经出现了。它是我国古代劳动人民创造的一种口头文学，有着久远的历史。唐代时评书以一种曲艺艺术形式出现，这种曲艺被叫作"说话"。宋代时起初是说评一些佛教典籍，这一时期的评书对后来明清两代的小说产生了巨大的影响。

实际上评书真正成形是在清代初期。据说，评书是明末清初江南说书人柳敬亭来北京时传下来的。也有人认为，是北京鼓曲艺人王鸿兴到江南演出时，拜柳敬亭为师，回京后便改说评书，然后流传下来的。到了民国年间评书兴起，其中评书中很多的段子都演变成现在相声的段子。新中国成立后评书也得到了进一步发展，尤其随着广播以及电视的普及，给评书发展创造了更多的平台空间。

评书作为民间一种口头文学的艺术，它汇聚了人民的智慧，也是群众性艺术的一种结晶。现如今评书依然很受人们的喜欢。

风俗文化

# 什么是京韵大鼓

京韵大鼓又叫"京音大鼓"，是一门说唱音乐曲种。它是由源于河北，形成于京、津两地的一种木板大鼓发展而来的。木板大鼓由河北传到天津时，被称为卫调大鼓、文武大鼓等；传到北京后称为京调大鼓、音韵大鼓等。到了民国年间，才统一称为京韵大鼓。

京韵大鼓最广为认知的名字是怯大鼓。因为京韵大鼓的前身木板大鼓在演唱的时候用的是河北的方言，所以老北京人给起了这么一个带有贬义的名字。虽然后来京韵大鼓加入了"京腔"，但人们还是认为这是一种艺人们为了生活而拿它当作"摇钱树"的杂艺。况且，当时北京城城禁很严，城内的旗人不能随意出城看戏，城外的木板大鼓更不能进入城内演出。直到清朝末年，怯大鼓才逐渐在京城流行起来。经过改良的大鼓不再是简单借助敲打鼓板进行演奏，而加入了二胡、三弦等乐器，并在演唱的形式上吸收了马头调、京剧等一些唱法。在清末民初，京韵大鼓基本成形。

京韵大鼓

京韵大鼓的表演特点是说中有唱、唱中有说，其中韵白在说唱中是很重要的。韵白讲究半说半唱，将说和唱很自然地结合在一起。京韵大鼓起初演唱的内容主以三国、岳飞、杨家将的故事较多，后来又有了《黛玉焚稿》《丑末寅初》《樊金锭骂城》等传统曲目。新中国成立后京韵大鼓得到了进一步发展，并打破了以往一人演唱的形式，出现了双人演唱的新形式。

# 梅花大鼓是怎样发展起来的

梅花大鼓出现于清朝中期，算得上是老北京土生土长的一种曲种，当时被称为梅花调、清口大鼓、北板大鼓。那么梅花大鼓又有着怎样的形成和发展历史呢？

梅花大鼓不同于京韵大鼓。京韵大鼓起源于民间，而梅花大鼓恰恰相反，它源于清朝八旗子弟世家。在清道光年间，有位名为玉瑞的八旗票友，他的伯父是世袭的佐领。他在八角鼓票房内唱清口大鼓，因为他家住在北城鼓楼附近，而且他的雅号为梅花馆主，所以他唱的曲调也称北板梅花调。后来这种曲调渐渐被大家所喜爱，在整个北京城流行起来。

清末民初，金万昌等人对清口大鼓进行了改革，伴奏的乐器加入了三弦、四胡、琵琶、扬琴和鼓板，而后又经过韩永禄、霍连仲等人的发展，逐渐形成了如今的梅花大鼓。

梅花大鼓在20世纪20年代和30年代发展到了鼎盛时期。当时的梅花大鼓在表演形式上也有了很多的变化，并在原有的伴奏乐器中加入了低胡、高胡、秦琴等乐器。

# 老北京人为何喜欢养鸟玩虫

北京人养鸟已经有很久远的历史了。其实养鸟并不是一种摆谱的表现，而是老北京人的一种休闲娱乐。养鸟的人，因为其自身的阶层和富有程度，也是分为很多种的，说通俗点就是什么阶层的人养什么种类

的鸟。摆台卖艺的人多养交嘴雀、"老西儿"一类；文人雅士则养百灵、红子一类；相对富有的人则多养画眉一类。不论哪个阶层的老北京人，对养鸟都有极大的兴趣。

除了养鸟外，老北京人还有一个嗜好，就是养小昆虫，如蝈蝈、蟋蟀、金钟等。一般这些小昆虫都养在葫芦里，养得好的可以从初秋一直养到冬至。那些比较富有的人用的养虫工具都比较讲究，多用象牙或者紫檀木制成。如果室内温度比较暖和，这些小虫就会叫唤起来，给家中带来夏秋山林野田的趣味。在众多养虫人中，养蟋蟀的比较多，因为这种小昆虫不但喜欢叫唤，还特别好斗。在旧时的老北京，斗蟋蟀也相当盛行，斗蟋蟀时人们往往都不会以钱财作为押注，通常都是些糕点或者水果。这样一来，人们在观赏一场斗蟋蟀后，还能品尝到可口美味的果品。

老北京人养鸟虫在旧时已经很普遍了，上至皇族大臣，下至黎民百姓，乃至一些当时的艺人乐此不疲。

# 文玩核桃为何会成为掌中宝

老北京人有句俗话说："贝勒爷手上三件宝，核桃、扳指儿、笼中鸟。"核桃，一种营养价值高的食物，为什么会成为手中的宝呢？

文玩核桃最初被叫作揉手核桃，也叫健身核桃，又称掌珠。文玩核桃有着悠久的历史，最早可追溯到汉朝，在明朝得到了进一步的发展，到清朝达到了鼎盛。清朝时很多玩核桃的人都聚集在当时的"霸气一条街"，也就是现在的前门大栅栏一带。当时，核桃分为文玩和雅玩两种，雅玩核桃要比文玩核桃更上档次一些。老北京人管这些核桃叫玩意儿。但不是所有的核桃都这么叫，只有那些八年到十年时的核桃，且包浆完美、色泽细润的才能称之为玩意儿。

核桃在中国两千多年的历史长河中，形成了世界上独有的核桃文化。自古以来，上至王侯将相，下至普通百姓都会有一对极致的核桃。相传，明成祖朱棣还因喜爱玩核桃而耽误了国事。乾隆帝不仅喜欢玩核桃，还是一位鉴定核桃好坏的大家。

关于文玩核桃，民间还流传其有声、色、形的传说。

其一，声。这里的声指的是核桃发出的撞击的声音。古人玩核桃分文盘与武盘。简单来说，文盘就是把玩核桃时，两只核桃在手里不接触，基本不发出声音。武盘则正好相反，让两只核桃在手中接触，发出撞击的声音，很容易见亮。但是，长期武盘容易使纹路磨损，文盘虽然慢，但是揉出的核桃颜色漂亮，而且纹路清晰。古人喜欢武盘核桃，其中的一个原因就是核桃发出的撞击声，酷似蛤蟆叫，这样可以使自己养的小鸟听后模仿其声音。

其二，色。相传，有一小偷，深夜潜入一户人家卧室，想偷点东西，忽然听到门口有声响，慌乱中，拿起床头枕边的一个小锦盒就跳出窗外，躲到房顶上。小偷窃喜，心想枕边放的东西一定是件值钱的东西，急忙打开观看，只见里面放着一对通红之物。拿出来仔细一瞧，原来是一对核桃。正好有月光射过来，红光四射，小偷一惊，身体没稳住，便摔下房丢了性命。

其三，形。据说，有一次慈禧身体不舒服时，太医建议其把玩核桃，可以起到健身的作用。慈禧玩核桃时，嫌其扎手，于是就让李莲英想办法使其不扎手，且又不破坏其外形。李莲英只好命其手下的人，日夜不停地把玩，使核桃变得圆润光滑，然后再给慈禧玩。而且，李莲英为了满足慈禧，还专门从国外进了一批好的砂纸，专门用于打磨核桃。

风俗文化